의미 단위 순서로

나열하기만 해도 영어가 되는

의미순 영문법 도감

머리말

영문법의 전체 이미지를 시각적으로 파악할 수 있다

영문법은 어떤 책으로 배우면 될까요? 이 질문에 대한 명확한 해답은 지금까지 없었습니다. 그 이유는 대부분의 책들에는 영문법의 전체 이미지가 잘 나타나 있지 않기 때문입니다.

기존의 문법책들은 예를 들어 '3장 시제', '4장 조동사'와 같이 각각의 문법 사항을 단순히 설명할 뿐 문법 사항 간의 관계성에 대해서는 언급하지 않았습니다.

기존의 문법책들에서 중요하게 다루고 있는 문법 사항이 영어 문장을 정확하게 이해하고 올바르게 만들기 위해 반드시 필요한 항목이라면, 그 문법 사항은 영어 문장의 어딘가에 반드시 있을 것입니다.

그렇다면 각각의 문법 사항은 영어 문장 중 어느 자리에 있는 것일까요?
이 책에서는 영문법의 전체 이미지를 보여 주고, 각각의 문법 사항이 영어 문장의 어디에 위치하고 또 어떻게 연결되어 있는지를 보여 드리고자 하였습니다.

교육언어학의 최근 연구 성과에 근거한 영문법의 전체 이미지를 소개하고, 일러스트를 사용하여 영어의 구조를 가능한 한 알기 쉽게 보여 주려고 노력하였습니다.

현재 중·고등학교 학생이든 아니면 직장인이든, 본인의 영어 기초가 부족해 다시 영어를 공부해야겠다고 마음먹었다면 부디 이 책을 통해 영문법을 '시각적으로' 이해하고 '체계적으로' 학습하시길 바랍니다. 이 책이 여러분들의 영어 학습에 도움이 되시길 바랍니다.

2023년 2월 **타치노 아키라**

이 책의 특징과 구성

◎ 이 책의 특징 ---

이 책은 영어를 배우고자 하는 분들이 다양한 일러스트를 통해 영문법을 보다 쉽게 효과적으로 학습할 수 있도록 만든 영문법 도감입니다. 또한 학교에서 배우는 문법 사항을 토대로 구성하여 영문법의 기초를 더 탄탄히 다질 수 있도록 하였습니다.

특징 ① 최신 교육언어학의 연구 성과에 기초한 '의미순' 이론

영어에는 '단어의 자리가 바뀌면 의미가 달라진다.'는 특징이 있습니다. 이 특징을 교육에 적용하여 개발된 책이 '의미순 영문법'입니다. 의미순은 단 하나의 패턴으로 영어의 문장 구조를 가시화하여 만들어 낸 것으로, 최신 교육 언어학의 연구 성과에 입각한 이론입니다. 의미순 이론은 20년 넘게 저자 본인이 연구하여 완성해 낸 것으로, 최근에는 일본의 많은 중 · 고등학교에서 이 이론을 이용한 영어 교육을 시행하고 있으며 그 유효성이 점차 입증되고 있습니다.

특징 ② 한눈에 파악할 수 있는 영어의 구조

이 책은 일러스트를 풍부하게 사용했습니다. 지금까지 배운 문법 사항들과 일러스트가 시각적으로 연결되어 영어의 구조가 자연스럽게 여러분의 머릿속에 각인될 수 있도록 구성하였습니다.

특징 ③ 중 · 고등학교 수준의 영문법을 통째로 학습

중 · 고등학교에서 배우는 문법 사항들을 다루고 있어, 이 책 한 권으로 중 · 고등학교 6년의 영문법을 마스터할 수 있습니다. 세세한 예외 등은 가능한 한 생략하여, 영어의 어순이나 문법의 기초를 체계적으로 학습할 수 있도록 구성하였습니다.

의미순은 본래 어려운 문법용어를 사용하지 않고 영어의 구조를 설명할 수 있는 이론이지만 이 책에서는 기존의 학교영어의 지식과 연관지어 공부할 수 있도록 표제나 설명 부분에서는 문법용어를 사용하였습니다.

◎ **이 책의 구성**

이 책은 다음과 같이 구성되어 있습니다.

제1장 영문법의 효과적인 학습법

한국 학습자들 중에 영어를 잘 못하는 사람이 많은 이유는 무엇일까요? 그 이유를 알아보고 영문법을 효과적으로 학습할 수 있는 방법에 대해 설명합니다. 또한 이 책의 중심이 되는 의미순 이론에 대해서도 설명합니다.

제2장 문장 형식을 알아보자

문법은 '문장 표현이 이루어지는 기본 원리'로, 영어 회화나 영작, 독해는 문법이 뒷받침되어야 합니다. 즉, 회화는 문법 원리에 맞게 만들어진 문장을 입 밖으로 꺼내는 것입니다. 이 장에서는 소통할 수 있는 영어 문장을 만들기 위해 중요한 어순과 문장의 구조를 학습합니다.

제3장 문법 사항을 알아보자

'시제', '조동사', '진행형' 등 문법 사항을 학습합니다.

제4장 문장을 만들기 위한 품사를 더 알아보자

문장을 만들기 위해 필요한 '명사', '대명사', '형용사'와 같은 품사를 학습합니다.

CONTENTS

제 3 장 문법 사항을 알아보자

제 4 장 문장을 만들기 위한 품사를 더 알아보자

제 **1** 장

영문법의
효과적인 학습법

왜 '우리는 영어를 잘 못한다'고 하는가?

◎ 잘 못하는 이유를 알면 효과적인 학습법을 알 수 있다

대부분의 성인 영어 학습자분들은 초등학교 때부터 시작해서 초·중·고등학교 10년간, 대학까지 포함하면 총 12~14년 정도 영어를 배웠습니다. 그런데도 영어 원서 읽기나 외국인과의 소통은커녕 간단한 대화조차 입이 잘 안 떨어집니다. 우리는 왜 이렇게 영어를 어려워하고 잘 못하는 것일까요?

그것은 **영어와 우리말의 차이** 때문입니다.

여기서는 우리가 자주 하는 실수와 영어에서 '이것을 틀리면 의미가 통하지 않는다'는 실수를 예로 들어 우리가 영어를 잘 못하는, 영어에 서투를 수밖에 없는 이유를 살펴보겠습니다.

이유 ① 어순의 차이를 의식하지 못한다

우리말과 달리 영어는 어순에 따라 의미가 달라지는 언어입니다. 우리말은 "그 남자는 사과를 먹었다."를 "사과를 그 남자는 먹었다," "사과를 먹었다, 그 남자는"과 같이 말의 순서를 바꿔도 의미가 통합니다. 하지만 영어는 의미가 전혀 통하지 않는 문장이 되어 버립니다. **영어를 말하거나 쓸 때 꼭 피해야 하는 실수**가 어순의 실수인데, 영어는 우리말과 어순이 달라 한국어를 모국어로 하는 학습자들이 어렵게 느끼는 것입니다.

올바른 문장
○ **The man ate the apple.**

틀린 문장 1: 의미가 통하는 실수
× **Man ate apple.**

틀린 문장 2: 의미가 통하지 않는 실수
× **The apple ate the man.**

틀린 곳은 한 군데(어순)이지만, 어순이 잘못되었으므로 "그 사과가 남자를 먹었다."는 전혀 다른 의미의 문장이 되어 버립니다.

The man ate the apple.

The apple ate the man.

이유 ② 주어를 종종 생략한다

우리말에서는 주어를 일부러 말하지 않는 경우가 종종 있습니다. 주어를 말하지 않아도 의미가 통할 경우, 주어를 생략하고 "오늘 몇 시에 돌아올 거니?", "7시쯤 됐을까?"와 같이 말합니다. 하지만 **영어는 몇몇 예외를 제외하고 원칙적으로 주어가 필요한 언어**입니다. 우리말에 대한 감각을 그대로 영어에 적용하면 대화할 때 의미가 통하지 않을 수 있습니다.

올바른 문장

○ What time are you coming back today?

틀린 문장

× What time coming back today?

우리말에서는 '너는'이라고 일부러 말하지 않았지만 영어 문장에서는 주어가 반드시 필요합니다.

What time coming back today?

이유 ③ 의미가 아닌 단어에 얽매인다

영어 문장의 의미를 생각하지 않고 우리말 그대로 영어로 바꾸면 원어민이 사용하지 않는 어색한 문장이 되어 버립니다. 예를 들어 커피숍에서 "나는 홍차를 마실 건데, 너는 뭘 마실래?" "나는 커피."라는 대화를 나눈다고 가정합시다. 이때 "나는 커피."라는 우리말 문장 그대로 영어로 바꾸면 그 의미가 달라집니다.

올바른 문장
○ I'll have a cup of coffee.

틀린 문장
× I'm coffee.
× I'm a cup of coffee.

"나는 커피야," "나는 한 잔의 커피야."라고 말하는 것이 됩니다.

◎ 우리가 영어를 배울 때 꼭 알아야 하는 '어순과 의미'

앞에서 언급한 세 가지 이유 중에서 이유 ①과 ②는 '어순', 이유 ②는 '주어', 이유 ③은 '의미'와 관련된 실수입니다. 반대로 말하면 **'주어'를 의식한 '어순'과 '의미'를 파악함으로써** 사용할 수 있는 영어가 몸에 배게 되고 이로 인해 영어에 대한 서투른 의식도 사라질 것입니다.

이 책에서 설명하고 있는 '의미순' 이론이 그것을 파악하는 데 도움이 될 것입니다.

'의미순'은 의사소통에 필요한 정보의 단위를 '의미의 덩어리' 단위로 구분하고, 그것을 영어의 문장 구조(어순)에 따라 나열한 것입니다.

'의사소통에 필요한 정보의 단위'는 이른바 5W1H(Who, What, Where, When, Why, How)로, '누가, 무엇을, 어디서, 언제, 왜, 어떻게'를 말합니다. 친구와 식사 약속을 할 때 필요한 정보를 예로 들어 생각해 봅시다. '약속은 이번 주 목요일 오후 4시 홍대입구역 2번 출구 앞에서'처럼 '언제(when)'와 '어디서(where)'의 정보는 절대 빠뜨릴 수 없습니다.

5W1H는 뉴스와 같은 보도 자료를 작성할 때 지켜야 하는 기본 원칙으로, 사람에게 정보를 전달할 때 등 **의사소통을 할 때 기본이 되는 정보**입니다.

'의미순'은 이 5W1H에 대응한 '의미 덩어리(단위)'의 순서입니다.

누가 who	하다(이다) does(is)	누구·무엇 who(m)·what	어디 where	언제 when

선택 사항입니다.

어떻게 how	왜 why

   의미순의 기본형은 [누가], [하다(이다)], [누구·무엇], [어디], [언제]이며, 선택 사항으로는 [어떻게], [왜]가 있습니다. 영어 문장의 필수 요소 중 하나인 '동사'를 나타내는 [하다(이다)] 이외는, 의미순의 기본형과 선택 사항이 5W1H에 일대일로 대응된다는 것을 알 수 있습니다.

   아무리 복잡한 영어 문장이라도 이 의미순에 적용하면 비교적 쉽게 문장의 구조를 이해할 수 있고, 스스로 영어 문장을 만들 수도 있습니다. 위의 **의미순을 기억해 두어 영어 문장을 자유자재로 구사할** 수 있도록 합니다.
   그러면 이제 의미순 영문법 공부를 본격적으로 시작해 보겠습니다.

'의미순'으로 영어의 문장 구조를 이해할 수 있다

◎ '의미순'으로 영어 문장을 쉽게 만들 수 있다

이제까지 설명을 읽고 "정말?"이라고 의아해하는 분들이 있을 것입니다. 이제 의미순을 사용해서 영어 문장을 만들어 봅시다.

예를 들어 "우리는 오늘 아침 역에서 낸시를 만났다."를 의미순을 사용해서 영어 문장으로 만든다고 합시다. 먼저 다음 질문에 같이 대답해 보세요.

· 위의 문장에서 [누가]에 해당하는 것은 무엇인가요?　　　→　　우리는
· 위의 문장에서 [하다(이다)]에 해당하는 것은 무엇인가요?　→　　만났다.
· 위의 문장에서 [누구 · 무엇]에 해당하는 것은 무엇인가요?　→　　낸시를
· 위의 문장에서 [어디]에 해당하는 것은 무엇인가요?　　　→　　역에서
· 위의 문장에서 [언제]에 해당하는 것은 무엇인가요?　　　→　　오늘 아침에

13쪽의 의미순을 박스로 한 것을 '의미순 박스'라고 부릅니다. 위의 문장을 의미순 박스에 적용하면 다음과 같습니다.

누가	하다(이다)	누구 · 무엇	어디	언제
우리는	만났다	낸시를	역에서	오늘 아침에

각 박스 안의 우리말을 영어로 바꿔 봅시다.

누가	하다(이다)	누구 · 무엇	어디	언제
We	met	Nancy	at the station	this morning.

We met Nancy at the station this morning.의 영어 문장이 완성되었습니다.

의미순 박스에 적용하면, 앞에서 설명한 주어의 누락을 막을 수 있습니다. 우리말에서는 주어를 자주 생략하므로 일상 대화에서는 "오늘 아침 역에서 낸시를 만났다."고 말합니다. 이 문장을 의미순 박스에 적용해 봅시다.

누가	하다(이다)	누구 · 무엇	어디	언제
	만났다 met	낸시를 Nancy	역에서 at the station	오늘 아침에 this morning.

어? 여기가 텅 비었네!

← 필요한 요소의 누락을 깨닫다.

[누가], [하다(이다)]는 거의 모든 영어 문장에 포함되므로(p.22 1형식 항목 참고) [누가]가 비어 있는 것을 아는 것만으로도 문장에 필요한 요소의 누락을 막을 수 있습니다.

[누가], [하다(이다)] 이외의 박스에 반드시 단어나 어구가 들어가야 하는 것은 아닙니다.

They are my friends.   그들은 나의 친구들이다.

누가	하다(이다)	누구 · 무엇	어디	언제
그들은 They	~이다 are	나의 친구들 my friends.		

◎ '의미순'으로 복잡한 문장 구조를 이해하다 -

의미순은 영어 문장의 기본 구조를 이해하는 데도 도움이 됩니다. 언뜻 보기에 길이가 길고 구조가 복잡한 문장이라도 의미순 박스에 적용하면 그 구조를 쉽게 파악할 수 있습니다.

다음 문장을 의미순으로 생각해 봅시다.

I have a friend whose sister is a famous pianist.

나는 여동생이 유명한 피아니스트인 친구가 있다.

누가	하다(이다)	누구 · 무엇	어디	언제
나는 **I**	~있다 **have**	친구 **a friend**		

whose sister 이하는 어느 박스에 들어갈까?

자세히 보면 I와 whose sister 둘 다 [누가], have와 is 둘 다 [하다(이다)]에 해당됩니다. 이럴 때는 의미순 박스를 다음과 같이 2단으로 만들어 봅시다.

누가	하다(이다)	누구 · 무엇	어디	언제
나는 **I**	~있다 **have**	친구 **a friend**		
(그 친구의 여동생) **whose sister**	~이다 **is**	유명한 피아니스트 **a famous pianist.**		

◎ 선택 사항은 [문법박스]를 사용하자!

13쪽에서 언급한 선택 사항 [어떻게], [왜]는 의문문이나 접속사가 있는 문장에서 주로 사용되며, 이때 [문법박스]에 들어갑니다.

I didn't go there because I was very tired.

나는 매우 피곤했기 때문에 거기에 가지 않았다.

문법박스	누가	하다(이다)	누구 · 무엇	어디	언제
	나는 **I**	가지 않았다 **didn't go**		거기에 **there**	
~이기 때문에 **because**	나는 **I**	~였다 **was**	매우 피곤한 **very tired.**		

[문법박스]는 [누가] 앞에 위치하는 특별한 박스입니다. 선택 사항 [어떻게], [왜]를 포함하여 일반적으로 의미순 박스에 들어가지 않는 요소는 이 [문법박스]에 적용하면 됩니다.

Is Sumi a student? 수미는 학생이니?

문법박스	누가	하다(이다)	누구 · 무엇	어디	언제
~이니? Is	수미는 Sumi		학생 a student?		

be동사 의문문은 원래 [하다(이다)]에 들어 있는 be동사가 문장 앞으로 나온 것이므로 [문법박스]에 들어간다.

Tim likes singing and I like dancing.

팀은 노래 부르는 것을 좋아하고, 나는 춤추는 것을 좋아한다.

문법박스	누가	하다(이다)	누구 · 무엇	어디	언제
	팀은 Tim	좋아한다 likes	노래 부르는 것을 singing		
그리고 and	나는 I	좋아한다 like	춤추는 것을 dancing.		

and는 '그리고'라는 뜻의 접속사이므로 [문법박스]에 들어간다.

한눈에 파악할 수 있는 '의미순 맵'

◎ '어순 × 문법 사항'으로 올바른 영어를 익히다!

영문법은 가로줄과 세로줄로 파악할 수 있습니다. 가로줄은 **어순(의미순)**을 말하며 문장 구조와 관련되어 있습니다. 10쪽에서 말한 것처럼 영어에는 '단어의 자리가 바뀌면 의미가 달라진다.'는 특징이 있습니다. 많은 문법책들에서 문장 구조(문장 형식)를 가장 먼저 다루는 것이 이러한 이유 때문입니다. 세로줄은 시제나 진행형, 완료형, 조동사 등과 같은 **문법 사항**과 관련되어 있습니다.

즉, '가로줄로 문장의 구조를 세우고 세로줄로 그 문장을 다듬다!'입니다.

이 책에서도 우선은 가로줄부터 시작하여 제2장에서는 문장 구조(형식)에 대해 소개하겠습니다. 이어지는 제3장에서는 세로줄의 문법 사항에 대해 소개하겠습니다. 이 책을 통해 실제 의사소통에도 도움이 되는 '의미를 중시한 영문법 학습'을 즐겨 주세요.

다음은 영문법의 가로줄과 세로줄을 나타낸 '의미순 맵'입니다. **'지금 배우고 있는 내용이 영어 문장의 어느 자리에 있는가'**를 생각하면서 학습하면, 영어의 전체 이미지를 좀 더 쉽게 파악할 수 있을 것입니다.

의미순 맵

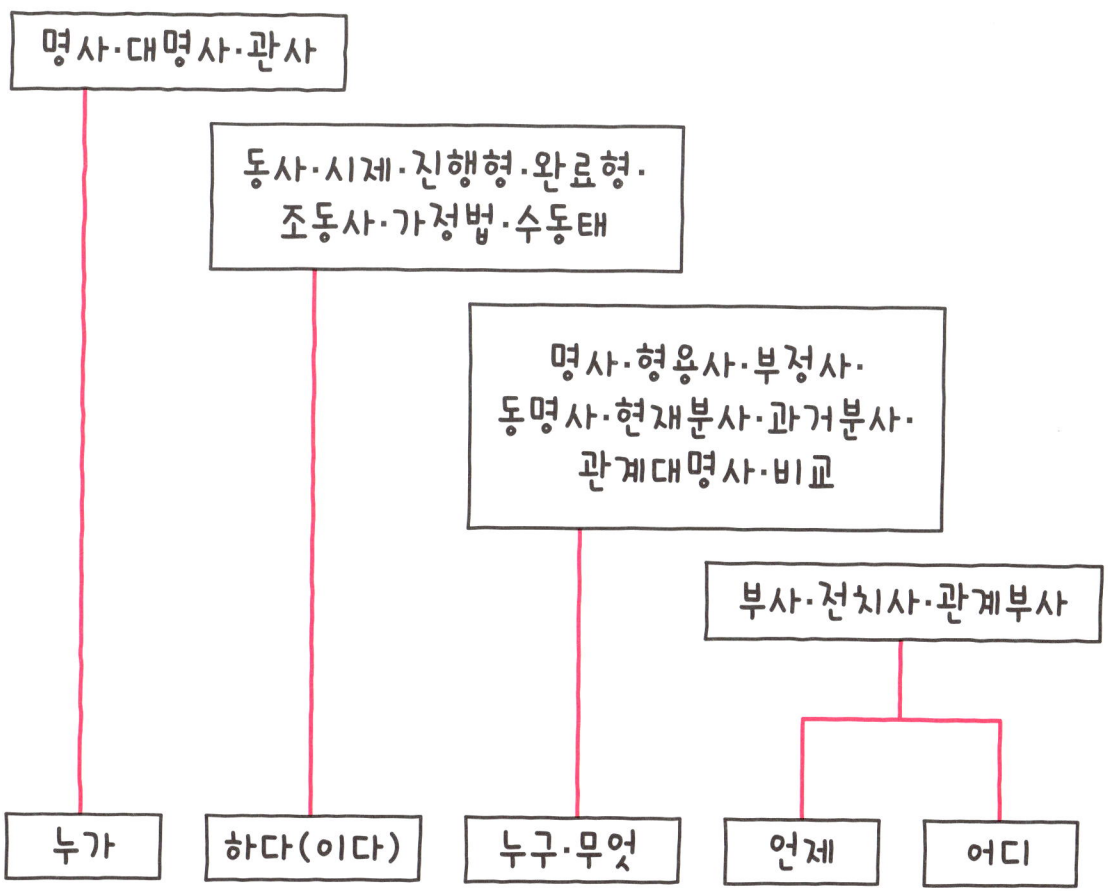

명사·대명사·관사

동사·시제·진행형·완료형·
조동사·가정법·수동태

명사·형용사·부정사·
동명사·현재분사·과거분사·
관계대명사·비교

부사·전치사·관계부사

누가 | 하다(이다) | 누구·무엇 | 언제 | 어디

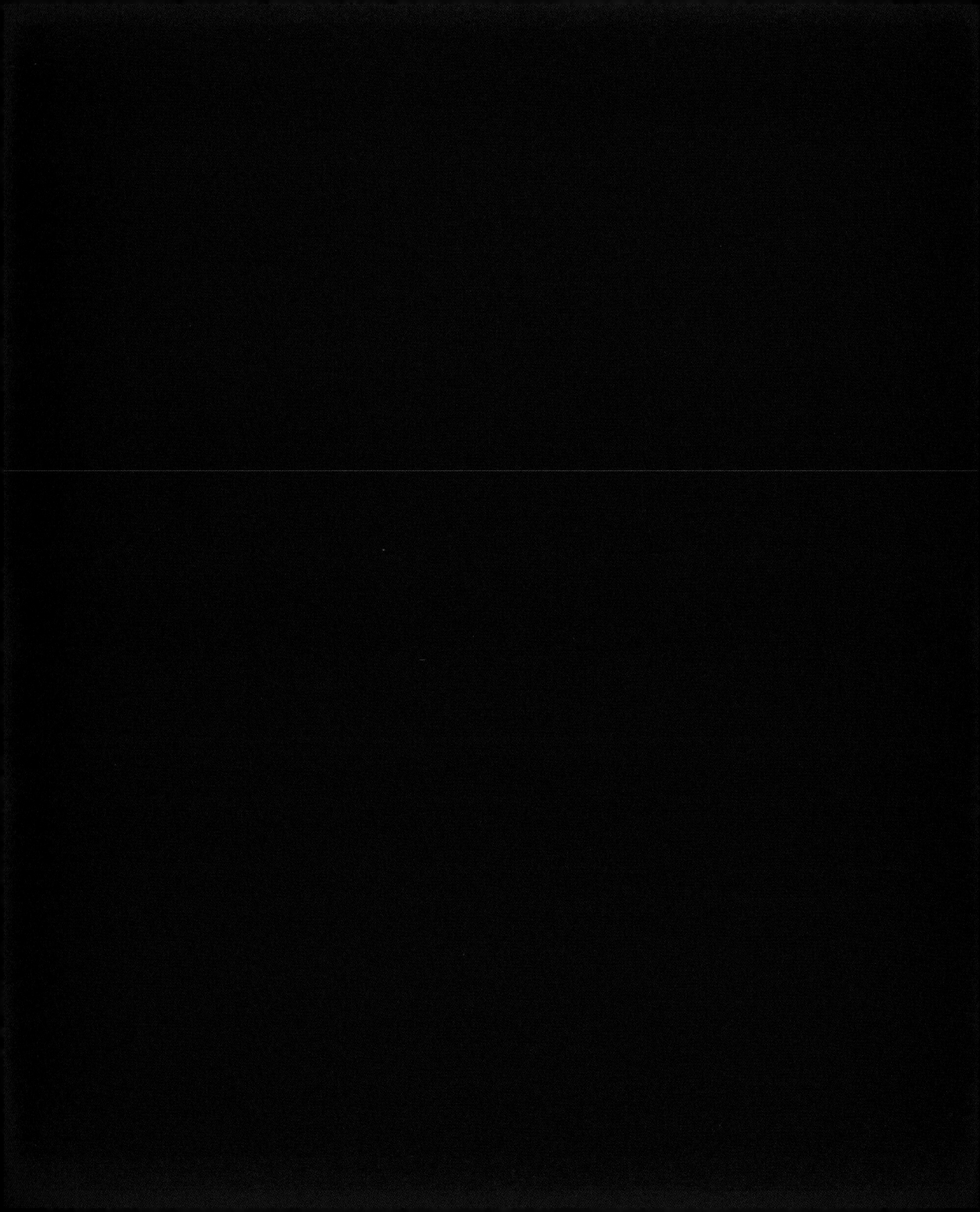

제 2 장

문장 형식을
알아보자

1형식 문장(SV)
[누가] + [하다(이다)]

  1형식은 [누가](주어)와 [하다(이다)](동사)만으로 이루어진 문장입니다. '주어+동사'는 모든 영어 문장의 필수 성분으로, 영어 문장을 이루고 있는 가장 기본적인 구조입니다. 우리말의 [누가] 또는 [무엇(이)]에 해당하는 주어 자리에는 사람이나 사물 등이 들어갑니다.

1형식 위치 설정 -

1형식과 관계 있는 박스는 **[누가]**, **[하다(이다)]**입니다.

They laughed. 그들은 웃었다.

누가	하다(이다)	누구 · 무엇	어디	언제
그들은 **They** 주어	웃었다 **laughed.** 동사			

[누가](주어)+[하다(이다)](동사)는 영어 문장을 구성하는 필수 성분!

It rained yesterday. 어제 비가 내렸다.

누가	하다(이다)	누구·무엇	어디	언제
(날씨를 나타내는 It) It	비가 내렸다 rained			어제 yesterday.

She is swimming in the pool now. 그녀는 지금 수영장에서 수영하고 있다.

누가	하다(이다)	누구·무엇	어디	언제
그녀는 She	수영하고 있다 is swimming ※1		수영장에서 in the pool	지금 now.

※1 p.84 현재진행형 참고

1~5형식에 필요한 박스는 [누가], [하다(이다)], [누구·무엇]뿐이다.
[어디], [언제]에 들어가는 어구는 [하다(이다)]를 꾸며 주는 말(수식어)이 된다.

누가	하다(이다)

그녀는
She

수영하고 있다
is swimming.

[누가], [하다(이다)]만으로 의미가 완전한 문장!

그중에는 [어디]가 알고 싶을 때가 있습니다. 다음 두 가지를 예를 들어 설명하겠습니다.

누가
그녀는
She

하다(이다)
살고 있다
lives

어디에?

누가
너의 가방은
Your bag

하다(이다)
~(에) 있다
is

그러니까 어디에 있냐고?

바로 "어디에?"라고 묻고 싶지 않을까요? 위의 문장만으로는 정보가 부족하다는 생각이 듭니다. 그러면 [어디]를 넣어 볼까요?

She lives **in Osaka.** 그녀는 오사카에 살고 있다.

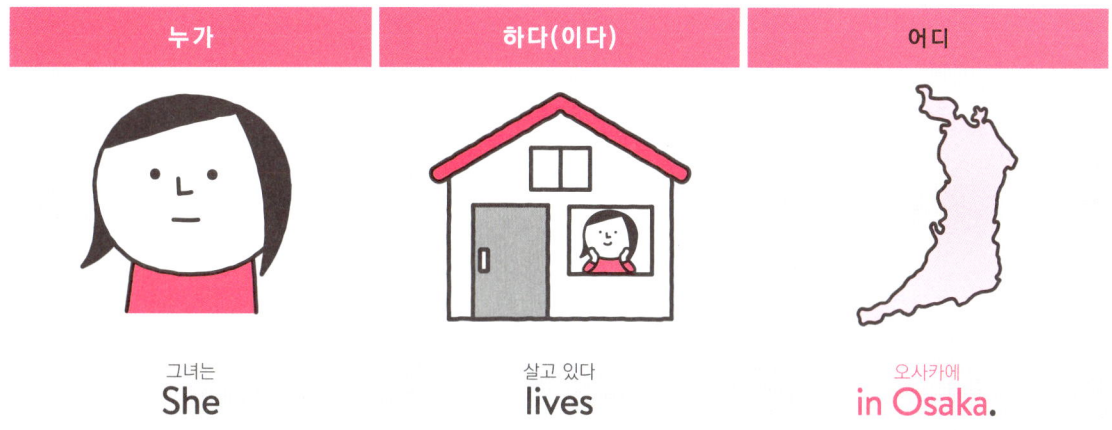

누가	하다(이다)	어디
그녀는 She	살고 있다 lives	오사카에 in Osaka.

Your bag is **on the table.** 너의 가방은 탁자 위에 있다.

누가	하다(이다)	어디
너의 가방은 Your bag	~(에) 있다 is	탁자 위에 on the table.

※ 위의 be동사(is)는 '~이다'라는 뜻이 아닌 '~(에) 있다'라는 뜻으로 사용되었습니다.

※ 학교에서 배우는 1~5형식 문장에서는 [어디], [언제]를 '수식어'로, 1형식으로 다루지만 영미 문법책들 중에는 다른 문장 형식으로서 다루는 것도 있습니다.

[어디]는 1~5형식에서 다루지 않지만 **시간**, **장소**, **방법** 등 추가적인 정보를 제공하여 문장의 의미를 더 구체적으로 표현해 준다는 것을 알 수 있습니다. 정보가 부족하다고 생각될 때는 '의미순'으로 다시 생각해 봅시다.

2형식 문장(SVC)

[누가] [이다] [누구·무엇]

사람의 이름이나 직업, 성격 등 '사람 · 사물의 상태나 성질'을 소개할 때 자주 사용하는 문장 형식입니다. [누가](주어)를 [누구(사람 이름) · 무엇(직업 · 성격 등)](보어)으로 설명하므로 [누가]=[누구 · 무엇]의 관계가 성립됩니다. 2형식에서 [하다(이다)]는 주로 '~이다,' '~한 상태이다'라는 뜻입니다.

저는 영업부 김대리입니다.

기획서
김대리

2형식 위치 설정 ---

2형식과 관계 있는 박스는 **[누가]**, **[하다(이다)]**, **[누구 · 무엇]**입니다.

I am Jane. 나는 제인이다. (나는＝제인)

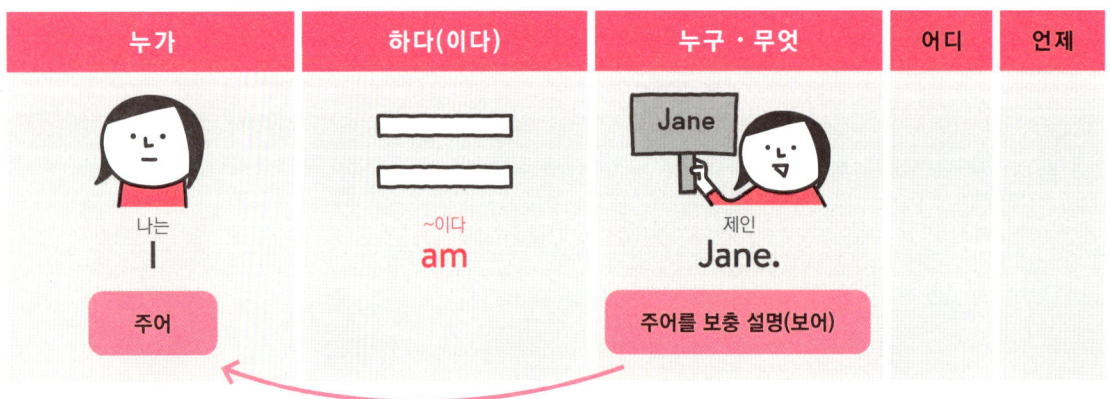

누가	하다(이다)	누구 · 무엇	어디	언제
나는 **I** 주어	~이다 **am**	제인 **Jane.** 주어를 보충 설명(보어)		

2형식은 [누가]=[누구]로, 동격의 관계이다. 보어는 문장의 불완전한 의미를 보충하는 말로, 주어 또는 목적어를 보충 설명한다. 2형식에서는 주어인 [누가]를 보어인 [누구·무엇]이 보충 설명한다.

2형식은 "그녀는 선생님이다(She is a teacher.)."라고 사람의 직업을 소개하거나 "그는 재미있다(He is funny.)." 라고 사람의 성격을 나타내거나 "나는 배가 부르다(I'm full.)."라고 자신의 상태를 나타낼 때 사용할 수 있는 문장입니 다.

'~이다'라는 뜻을 나타내는 be동사는 I am Clara.(나는 클라라이다. I = Clara), They are my colleagues.(그들 은 나의 동료들이다. They = my colleagues)와 같이 [누가]와 [누구 · 무엇]을 이퀄(=)로 연결합니다.

그리고 [하다(이다)]가 be동사일 때는 [누구 · 무엇](보어)에 teacher와 같은 **명사**, funny, full과 같은 **형용사** 등이 들어갑니다.

They are my friends. 그들은 나의 친구들이다. (그들 = 나의 친구들)

누가?	➞ 그들은 They
하다(이다)?	➞ 이다 are
누구 · 무엇?	➞ 나의 친구들 my friends.
언제? 어디?	➞ (정보 없음)

박스에 적용하면 다음과 같습니다.

누가	하다(이다)	누구 · 무엇	어디	언제
They	are	my friends.		

누가	하다(이다)	누구 · 무엇	어디	언제
그들은 **They**	~이다 **are**	나의 친구들 **my friends.**		

be동사는 [누가]와 [누구·무엇]을 이퀄(=)로 연결해 준다.

[누구·무엇]에는 주로 명사 또는 형용사가 들어간다.

동격의 역할을 하는 동사가 또 있다!

주어의 상태나 성질을 나타내는 be동사(~이다, ~한 상태이다) 이외에 동격의 역할을 하는 일반동사가 있습니다. **일반동사**는 be동사와 조동사 이외의 모든 동사를 나타내는 말로, 기본적으로 '~하다'라는 뜻을 가집니다. 여기서는 동격의 역할을 하는 일반동사 중 대표적인 동사 두 개를 소개합니다.

look
(~하게 보이다)

Your scarf looks very nice.
너의 스카프는 (보기에) 정말 멋지다. (스카프 = 멋진)

누가	하다(이다)	누구 · 무엇	어디	언제
너의 스카프는 **Your scarf**	(~하게) 보이다 **looks**	정말 멋진 **very nice.**		

너의 스카프는
Your scarf

=

보인다
looks

정말 멋져
very nice.

sound
(~하게 들리다)

Your opinion sounds fine.
너의 의견은 (들어 보니) 좋은 것 같다. (의견 = 좋은)

누가	하다(이다)	누구 · 무엇	어디	언제
너의 의견은 **Your opinion**	(~하게) 들리다 **sounds**	좋은 **fine.**		

너의 의견은
Your opinion

=

생각이 든다
sounds

좋은
fine.

대표적인 2형식 동사로는 seem(~처럼 보이다), feel(~한 느낌이 나다), become(~이 되다), keep(~인 채로 있다), get(~한 상태가 되다), turn(~로 변하다), smell(~한 냄새가 나다), taste(~한 맛이 나다) 등이 있다.

3형식 문장(SVO)

[누가] [하다] [누구·무엇]

"나는 읽는다(주어+동사)."에 '책을(목적어)'이 들어간 형태가 3형식입니다. 우리말로는 "나는 책을 읽는다," 영어로는 "나는 읽는다 책을."의 어순이 됩니다. "나는 세수를 한다(나는/한다/세수를)," "나는 점심을 먹는다(나는/먹는다/점심을)."과 같이 일상적인 행동의 대부분은 3형식으로 나타냅니다. [누구·무엇] 사이에 있는 중점(·)은 '또는'의 의미를 나타냅니다.

3형식 위치 설정

3형식과 관계 있는 박스는 **[누가]**, **[하다(이다)]**, **[누구·무엇]**입니다.

I enjoy karaoke. 나는 노래방을 즐긴다.

누가	하다(이다)	누구·무엇	어디	언제
나는 I 주어	즐긴다 enjoy 동사	노래방을 karaoke. 목적어		

3형식은 「주어+동사+목적어」 형태!
목적어는 동작의 대상을 나타낸다. [누가]와 [누구·무엇] 사이에 동격의 관계는 없다.

[누구 · 무엇]에는 [누구(사람)] 또는 [무엇(사물)]이 들어갑니다.

We saw Nancy at the station this morning.

우리는 오늘 아침 역에서 낸시를 만났다.

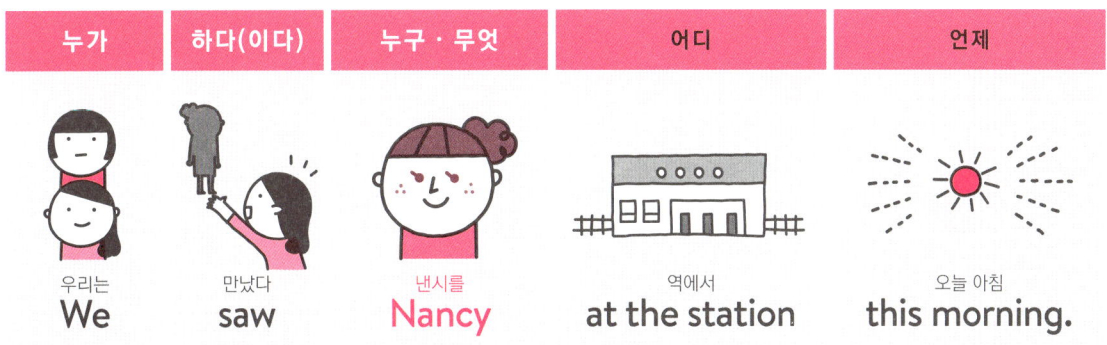

누가	하다(이다)	누구 · 무엇	어디	언제
우리는 We	만났다 saw	낸시를 Nancy	역에서 at the station	오늘 아침 this morning.

I sent a letter to my aunt yesterday. 나는 어제 나의 숙모에게 편지를 보냈다.

누가	하다(이다)	누구 · 무엇	어디	언제
나는 I	보냈다 sent	편지를 a letter	나의 숙모에게 to my aunt	어제 yesterday.

4형식 문장(SVOO)

[누가] [하다] [누구·무엇]

사랑합니다!

4형식은 3형식의 [누구·무엇](목적어)을 [누구]와 [무엇] 두 개의 목적어로 구분하여 이루어진 형태로, 이때 중점(·)은 '그리고'의 의미를 나타냅니다. '친구에게 선물을 주다,' '점원에게 길을 묻다' 등 다른 사람에게 무언가를 할 경우에 자주 사용하는 문장 형식입니다. [누구·무엇]은 [누구(에게)], [무엇(을)]을 나타냅니다.

4형식 위치 설정

4형식과 관계 있는 박스는 **[누가]**, **[하다(이다)]**, **[누구·무엇]**입니다.

Her mother gave her a present. 그녀의 어머니는 그녀에게 선물을 주셨다.

누가	하다(이다)	누구 · 무엇		어디	언제
그녀의 어머니는	주셨다	그녀에게	선물을		
Her mother	gave	her	a present.		

4형식은 동사 뒤에 목적어 [누구(에게)], [무엇(을)] 두 개가 나오는 문장이다.

4형식은 [누가] [하다] [누구(에게)] [무엇(을)]의 어순입니다.

She taught me English. 그녀는 나에게 영어를 가르쳤다.

누가	하다(이다)	누구 · 무엇		어디	언제
그녀는 She	가르쳤다 taught	나에게 me	영어를 English.		

I asked him how to cook. 나는 그에게 요리하는 방법을 물었다.

누가	하다(이다)	누구 · 무엇		어디	언제

| 나는
I | 물었다
asked | 그에게
him | 요리하는 방법을
how to cook. | | |

how to cook(요리하는 방법)과 같이 두 단어 이상의 긴 어구가 와도
의미순으로 생각하면 [무엇(을)]에 들어간다는 것을 알 수 있다.

3형식에서 학습한 다음 문장도 사람에 대한 행위를 수반하는 경우에는 4형식으로 나타낼 수 있습니다.

I sent a letter to my aunt yesterday. 나는 어제 나의 숙모에게 편지를 보냈다.

누가	하다(이다)	누구 · 무엇	어디	언제
나는 I	보냈다 sent	편지를 a letter	나의 숙모에게 to my aunt	어제 yesterday.

I sent my aunt a letter yesterday. 나는 어제 나의 숙모에게 편지를 보냈다.

누가	하다(이다)	누구 · 무엇		어디	언제
나는 I	보냈다 sent	나의 숙모에게 my aunt	편지를 a letter		어제 yesterday.

4형식 문장 I sent my aunt a letter.에서 a letter를 삭제하면, '나는 나의 숙모에게 보냈다.'는 이상한 의미의 문장이 되므로 [누구 · 무엇]의 어순을 기억해야 합니다. 여기서 '나의 숙모에게'를 [어디]로 볼 수도 있습니다. 단, I sent a letter to my aunt.는 숙모가 편지를 받으셨다는 의미를 내포하고 있지 않습니다. 한편 I sent my aunt a letter.는 숙모가 편지를 받으셨다는 의미를 내포하고 있습니다.

긴 문장은 '마트료시카' 구조로 읽어 내자! - - - - - - - - - - - - - - - - - -

[누구 · 무엇]에는 짧은 어구뿐만 아니라 문장도 들어갈 수 있습니다.

He told me that he was busy. 그는 나에게 (그가) 바쁘다고 (~라는 것을) 말했다.

누가	하다(이다)	누구 · 무엇		어디	언제
그는 He	말했다 told	나에게 me	그가 바빴다는 것을 that he was busy.		

[무엇]에 he was busy(그는 바빴다)라는 또 다른 문장이 들어 있습니다. 이 부분을 의미순 박스에 적용해 한 번 더 만들어 보겠습니다.

하나의 문장에 또 하나의 문장이 '삽입'되어 있다는 것을 알 수 있습니다. 러시아 전통 인형인 마트료시카처럼 하나의 문장(절이라고 부름) 안에 또 다른 문장(절)이 들어 있는 것입니다. 두 문장(절)을 이어 주는 that은 접속사이므로 2단계에서 사용할 수 있습니다. 이처럼 길이가 길고 구조가 복잡한 문장이라도 의미순 박스를 사용하면 가로로 길어지는 것이 아니라 세로로 이어지기 때문에 한눈에 쉽게 파악할 수 있습니다.

5형식 문장(SVOC)

[누가] [하다] [누구·무엇]

너는 오늘부터
네로야.

5형식은 "엄마는 그 고양이를 네로라고 이름 지었다," "그녀는 그를 빌리라고 부른다." 등 [누구·무엇]을 각각 [누구(를)], [무엇]이라고 파악하는 것이 핵심입니다. '그 고양이'와 '네로'가 같은 고양이를 나타내므로 '그 고양이 = 네로'의 관계가 성립됩니다. 이퀄(=) 형태는 2형식에서도 소개했습니다.

5형식 위치 설정

5형식과 관계 있는 박스는 **[누가]**, **[하다(이다)]**, **[누구 · 무엇]**입니다.

She calls him Billy. 그녀는 그를 빌리라고 부른다. (그 = 빌리)

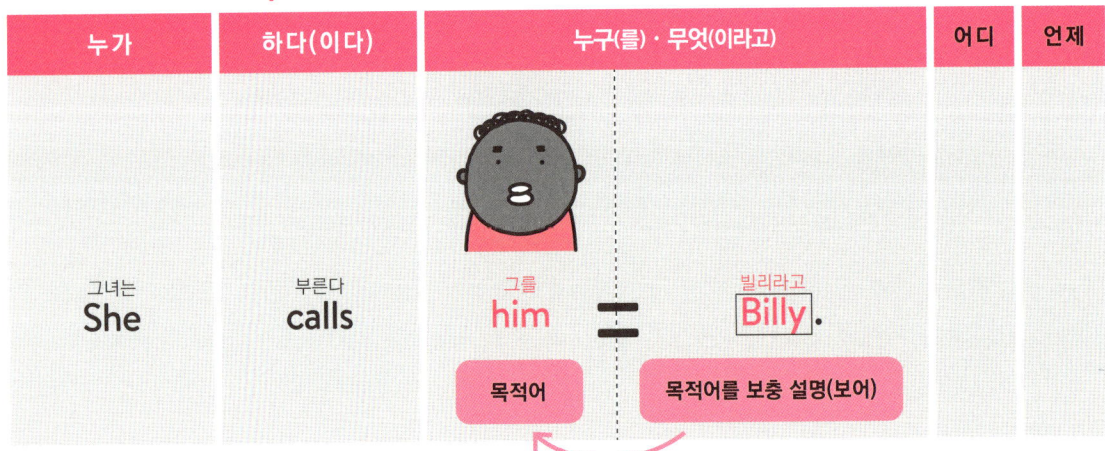

누가	하다(이다)	누구(를) · 무엇(이라고)		어디	언제
그녀는 She	부른다 calls	그를 him 목적어	=	빌리라고 Billy. 목적어를 보충 설명(보어)		

5형식 보어인 [무엇]은 목적어인 [누구(를)]의 불완전한 의미를 보충 설명하는 말로, '목적격보어'라고 한다.
참고로 2형식에서 배웠던 보어인 [누구·무엇]은 주어를 보충 설명하는 말이므로, 목적격보어와 구분하여 '주격보어'라고 한다.

5형식은 4형식과 마찬가지로 [누구·무엇]을 모두 필요로 하는데, 5형식에서는 [누구]와 [무엇]이 일반적으로 동격의 관계에 있습니다. 다음 첫 번째 문장에서는 this ship = Astra(이 배 = Astra), 두 번째 문장에서는 her = the president(그녀 = 사장)가 됩니다. 예문에 나오는 call, name, elect 동사 외에 make, consider, find, leave, keep 등과 같은 동사가 이 문형에서 자주 사용됩니다.

They named this ship Astra. 그들은 이 배를 '아스트라'라고 이름 지었다. (이 배=아스트라)

누가	하다(이다)	누구 · 무엇		어디	언제
그들은 **They**	이름을 지었다 **named**	이 배를 **this ship**	아스트라라고 **Astra**.		

※ name : ~에 이름을 지어 주다

[누구]에는 this ship(이 배)처럼 사람 이외의 사물도 들어간다.

We elected her the president. 우리는 그녀를 사장으로 선출했다. (그녀=사장)

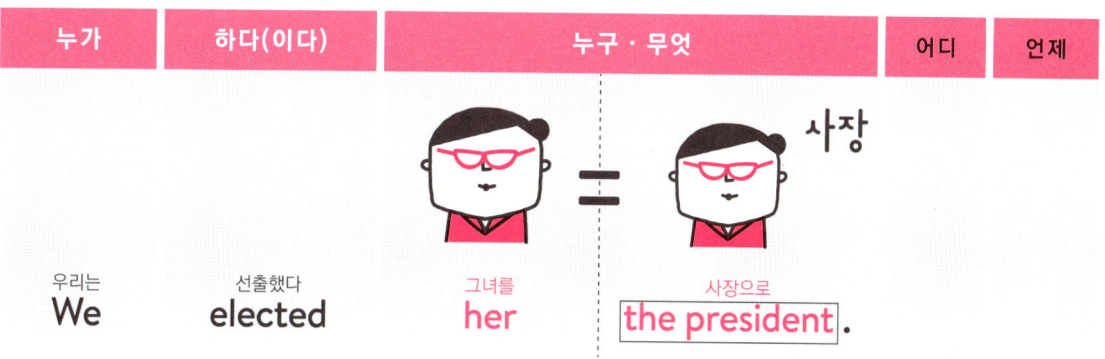

누가	하다(이다)	누구 · 무엇		어디	언제
우리는 **We**	선출했다 **elected**	그녀를 **her**	사장으로 **the president**.		

※ elect : ~를 선출하다

He painted the wall white. 그는 그 벽을 하얗게 칠했다. (벽=하얀)

누가	하다(이다)	누구 · 무엇		어디	언제
		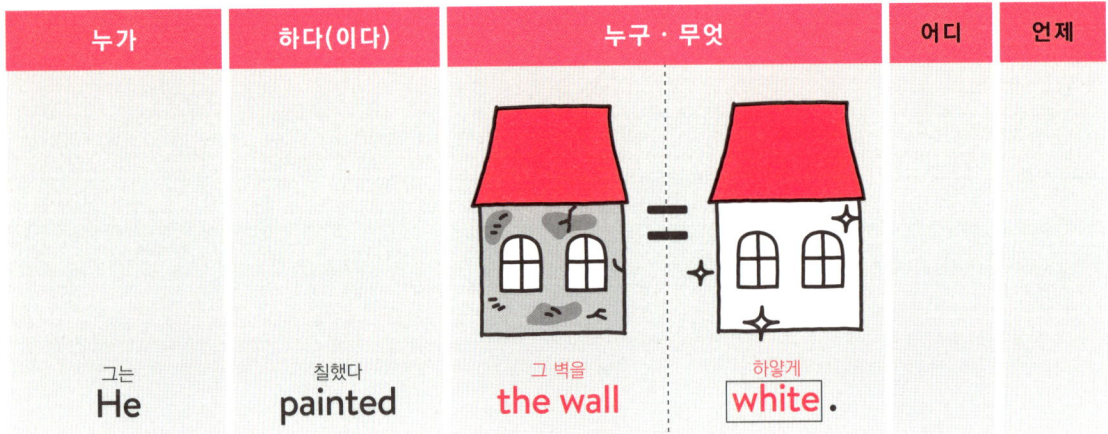			
그는 He	칠했다 painted	그 벽을 the wall	하얗게 white .		

Her speech made us happy. 그녀의 연설은 우리를 행복하게 했다. (우리=행복한)

누가	하다(이다)	누구 · 무엇		어디	언제
		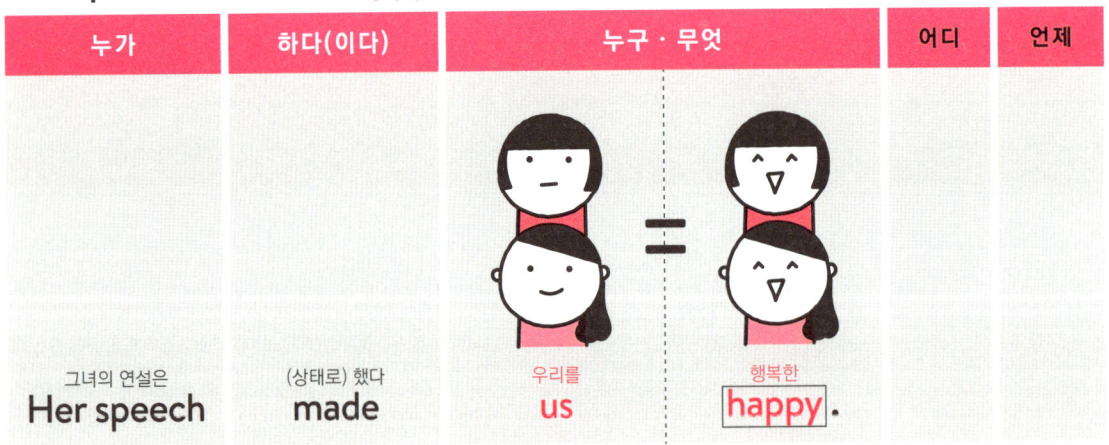			
그녀의 연설은 Her speech	(상태로) 했다 made	우리를 us	행복한 happy .		

※ make : ~을 특정 상태로 만들다

2형식에서와 마찬가지로, [무엇](목적격보어)에는 Billy, Astra 등의 명사뿐 아니라 white, happy 등의 형용사도 들어간다.

지금까지 기존의 1~5형식을 참고하면서 의미순에 대해 알아봤습니다. 만약에 5개의 문장 형식을 모르거나 또는 목적어나 보어 같은 문법 용어를 모르더라도 문장을 [누가][하다(이다)][누구·무엇][어디][언제]의 의미순으로 나열하여 의미순 박스에 적용하면 문장을 쉽게 만들 수 있습니다.

그는 미소 지었다. (1형식) ⇒ He smiled.

누가	하다(이다)	누구·무엇	어디	언제
그는 **He**	미소 지었다 **smiled.**			

그녀는 나의 영어 선생님이다. (2형식) ⇒ She is my English teacher.

누가	하다(이다)	누구·무엇	어디	언제
그녀는 **She**	~이다 **is**	나의 영어 선생님 **my English teacher.**		

나는 어제 공원에서 그녀를 만났다. (3형식) ⇒ I met her in the park yesterday.

누가	하다(이다)	누구·무엇	어디	언제
나는 **I**	만났다 **met**	그녀를 **her**	공원에서 **in the park**	어제 **yesterday.**

나는 그에게 책을 한 권 빌려주었다. (4형식) ⇒ I lent him a book.

누가	하다(이다)	누구 · 무엇	어디	언제
나는 **I**	빌려주었다 **lent**	그에게 **him** · 한 권의 책을 **a book.**		

우리는 그를 우리의 팀장으로 선출했다. (5형식) ⇒ We elected him our team leader.

누가	하다(이다)	누구 · 무엇	어디	언제
우리는 **We**	선출했다 **elected**	그를 **him** · 우리의 팀장으로 **our team leader.**		

There 구문

'~가 있다'의 문장

기존 문법책에서는 There 구문을 1형식(SV)으로 다루기도 합니다. 하지만 이 책에서는 There 구문으로 별도로 다루도록 하겠습니다. '탁자 아래에 고양이가 있다,' '책상 위에 책 두 권이 있다' 등 '(어떤 장소에) ~가 있다'는 의미를 나타내는 문장입니다. 영어에서는 반드시 주어가 필요하므로 There가 주어 자리에 위치하여도 실제 어떤 의미를 가지고 있지 않습니다.

There 구문 위치 설정

There 구문과 관계 있는 박스는 주로 **[누가]**, **[하다(이다)]**, **[어디]**입니다.

There is a cat **under the table.** 탁자 아래에 고양이 한 마리가 있다.

누가	하다(이다)	누구 · 무엇	어디	언제
		한 마리의 고양이	탁자 아래에	
There	~가 있다 **is**	**a cat**	**under the table.**	

There is/are ~.는 '(어떤 장소에) 불특정한 사람[사물]이 있다'는 뜻이다.
뒤에는 불특정한 사람이나 동물(a cat), 사물(some books) 등의 주어와 장소나 위치를 나타내는 [어디]가 이어진다.

「There is / are + 주어」 형태로, be동사는 **뒤에 이어지는 명사의 수에 따라** is 또는 are를 사용합니다.

There **is a child** in the park. 공원에 아이가 (한 명) 있다.

누가	하다(이다)	누구 · 무엇	어디	언제
존재의 there **There**	~가 있다 **is**	한 명의 아이 **a child**	공원에 **in the park.**	

※ there에는 별다른 뜻이 없으므로 따로 해석하지 않습니다.

뒤에 '한 명의 아이'이므로 be동사는 is이다.

There **are some** books on the desk. 책상 위에 책이 몇 권 있다.

누가	하다(이다)	누구 · 무엇	어디	언제
존재의 there **There**	~이 있다 **are**	몇 권의 책 **some books**	책상 위에 **on the desk.**	

뒤에 '몇 권의 책'인 복수 명사가 이어지므로 be동사는 are이다.

There 구문은 '~가 있다'라고 현재의 일을 나타내는 것 외에 '~가 있었다'라고 과거의 일을 나타내거나 또는 '~가 있을 것이다'라고 미래의 일을 나타낼 수 있습니다. 이때 「There + be동사」 형태의 be동사가 각각 다음과 같이 바뀝니다. (p.76 시제 참고)

be동사	현재형(~있다)	과거형(~있었다)	미래형(~있을 것이다)
단수형	is	was	will be
복수형	are	were	

※ 단수형은 '하나'를, 복수형은 '둘 이상'을 뜻할 때 사용합니다.

(1) 현재형 '~가 있다' → There is / are ~.

There are many people in that new restaurant.

저 새로운 레스토랑에는 많은 사람들이 있다.

누가	하다(이다)	누구 · 무엇	어디	언제
존재의 there **There**	~있다 **are**	많은 사람들이 **many people**	저 새로운 레스토랑에 **in that new restaurant.**	

(2) 과거형 '~가 있었다' → There was / were ~.

There was a cat under the table ten minutes ago.

10분 전 탁자 아래에 고양이 한 마리가 있었다.

누가	하다(이다)	누구 · 무엇	어디	언제
존재의 there	~있었다	한 마리의 고양이	탁자 아래에	10분 전
There	was	a cat	under the table	ten minutes ago.

(3) 미래형 '~가 있을 것이다' → There will be ~.

There will be a meeting in this room tomorrow.

내일 이 방에서 회의가 있을 것이다.

누가	하다(이다)	누구 · 무엇	어디	언제
존재의 there	~있을 것이다	회의가	이 방에서	내일
There	will be	a meeting	in this room	tomorrow.

will은 '~할 것이다'라는 뜻의 조동사다.
(p.80 조동사 참고)

평서문(긍정문·부정문)

'일반적인 문장'

평서문은 가장 기본적인 문장으로, 사실을 있는 그대로 설명하거나
자신의 의견이나 감정을 표현하는 일반적인 문장입니다. 문장을 시작
할 때 처음 오는 문자는 대문자로 쓰고, 문장이 끝날 때는 마침표를 찍
어야 합니다. 평서문은 긍정문과 부정문 두 종류가 있습니다.

평서문 위치 설정

평서문은 주로 정보를 전달하는 문장으로, 의미순의 기본형에 맞는 문장입니다. (p.13 참고)

긍정문 **They are my classmates.** 그들은 나의 반 친구들이다.

누가	하다(이다)	누구·무엇	어디	언제
그들은 **They**	= (이퀄) ~이다 **are**	나의 반 친구들 **my classmates.**		

부정문 **They are not my classmates.** 그들은 나의 반 친구들이 아니다.

누가	하다(이다)	누구·무엇	어디	언제
그들은 **They**	~이 아니다 **are not**	나의 반 친구들 **my classmates.**		

be동사는 주어 뒤에 위치하여 '~이다', '(~에) 있다'라는 의미를 나타냅니다. be동사 현재형도 주어에 따라 **is, am, are**로 형태가 달라집니다. be동사 과거형은 is, am은 **was**, are는 **were**입니다.

(현재형) **She is a teacher.** 그녀는 선생님이다.
(과거형) **She was a teacher.** 그녀는 선생님이었다.

be동사 현재형의 부정문은 be동사 뒤에 not을 붙여 만들며, '~이 아니다', '~이 없다'라는 의미를 나타냅니다. be동사 과거형의 부정문은 was 또는 were 뒤에 not을 붙여 만들며, '~이 아니었다', '~이 없었다'라는 의미를 나타냅니다.

(현재형) **They are not my classmates.**   그들은 나의 반 친구들이 아니다.
(과거형) **They were not my classmates.**   그들은 나의 반 친구들이 아니었다.

※ 'be동사+not'은 주로 줄여 사용합니다. 하지만 am not은 줄여 사용하지 않습니다.

is not = isn't	are not = aren't
was not = wasn't	were not = weren't

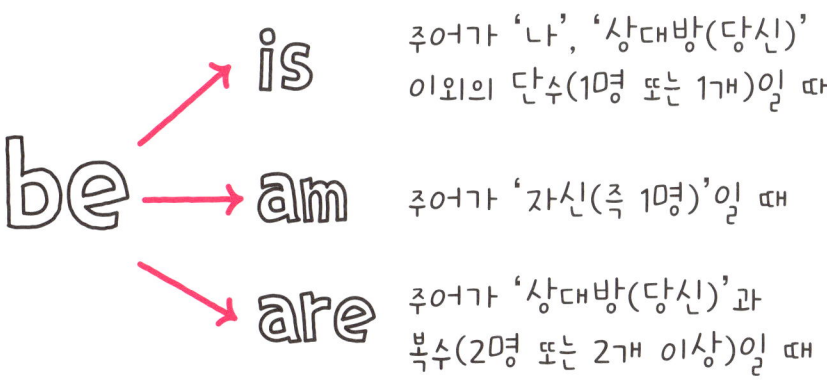

is ─ 주어가 '나', '상대방(당신)' 이외의 단수(1명 또는 1개)일 때

be ─ am ─ 주어가 '자신(즉 1명)'일 때

are ─ 주어가 '상대방(당신)'과 복수(2명 또는 2개 이상)일 때

일반동사는 주어의 동작이나 상태를 나타내는 말로, '~하다'라는 뜻을 가집니다. 일반동사 현재형의 부정문은 **동사의 원형 앞에 do not**을 사용하여 나타냅니다. 이때 do not은 don't로 줄여 사용할 수 있습니다.

긍정문 I like music. 나는 음악을 좋아한다.
부정문 I don't like music. 나는 음악을 좋아하지 않는다.

누가	하다(이다)	누구·무엇	어디	언제
나는 I	좋아한다 like	음악을 music.		

누가	하다(이다)	누구·무엇	어디	언제
나는 I	좋아하지 않는다 don't like	음악을 music.		

※ don't like와 같은 일반동사의 부정형은 동작이나 상태를 부정하는 것이므로 [하다(이다)]에 들어갑니다.

주어가 3인칭 단수일 때는 does not을 사용하여 나타냅니다. 이때 does not은 doesn't로 줄여 사용할 수 있습니다.

긍정문 She likes music. 그녀는 음악을 좋아한다.
부정문 She doesn't like music. 그녀는 음악을 좋아하지 않는다.

※ 주어가 3인칭 단수일 때 현재형의 일반동사에 -s 또는 -es를 붙입니다. (예: play → plays, study → studies) (p.78 참고)

일반동사의 과거형은 주어의 수와 인칭에 관계없이 「동사+-(e)d」 형태로 합니다. 주로 yesterday, last night, ago 등의 과거를 나타내는 표현들과 함께 사용됩니다. 일반동사 과거형의 부정문도 주어의 수와 인칭에 관계없이 「didn't〔did not〕+동사의 원형」을 사용하여 나타냅니다.

긍정문 He **played** the violin yesterday.
그는 어제 바이올린을 연주했다.

부정문 He **didn't play** the violin yesterday.
그는 어제 바이올린을 연주하지 않았다·

누가	하다(이다)	누구 · 무엇	어디	언제
그는 He	연주했다 played	바이올린을 the violin		어제 yesterday.

누가	하다(이다)	누구 · 무엇	어디	언제
그는 He	연주하지 않았다 didn't play	바이올린을 the violin		어제 yesterday.

일반동사 과거형의 부정문은 [누가]에 들어가는 주어와 상관없이 「didn't+동사의 원형」을 사용하여 나타낸다. (p.72 일반동사의 과거형 참고)

의문문

물음표(?)로 상대방에게 묻다

　의문문은 상대방에게 질문을 할 때 사용하는 문장입니다. 의문문에는 '네', '아니요'로 대답하는 의문문(Yes / No형)과 Who, What, Where, When 등과 같은 의문사를 사용하여 시간과 장소 등을 묻는 의문문(의문사형)이 있습니다.

의문문 위치 설정 -

의문문과 관계 있는 박스는 **[하다(이다)]**, **[문법박스]**입니다.

(1) Yes/No의 의문문은 be동사를 [문법박스]로 이동합니다.

Is Emma a student?　엠마는 학생이니?

문법박스	누가	하다(이다)	누구 · 무엇	어디	언제
~이니? Is	엠마는 Emma	(is)	학생 a student?		

(2) 의문사(5W1H)를 사용한 의문문은 [문법박스]를 사용합니다.

What is her name?　그녀의 이름은 무엇이니?

문법박스	누가	하다(이다)	누구 · 무엇	어디	언제
무엇이니? What is	그녀의 이름은 her name?	(is)	(what)		

[누가] 앞에 위치하는 특별한 박스를 이 책에서는 [문법박스]라고 부른다. 의문문이나 중문, 복문에 대응하기 위해서 필요한 것이다.

'~이니?'라고 물어볼 때는 be동사를 [문법박스]로 이동한 다음 문장 끝에 물음표(?)를 붙입니다.

Is Emma a student? 엠마는 학생이니?

문법박스	누가	하다(이다)	누구 · 무엇	어디	언제
~이니? Is	엠마는 Emma	~이다 (is)	학생 a student?		

대답할 때는 긍정이면 Yes, 부정이면 No가 [문법박스]에 들어갑니다. No는 [하다(이다)]에 not도 들어갑니다.

문법박스	누가	하다(이다)	누구 · 무엇	어디	언제
응 Yes,	그녀는 she	학생이야 is.			
아니 No,	그녀는 she	학생이 아니야 isn't.			

※ [누가]에는 Emma → she, Tom → he, Emma and Tom → they와 같이 대명사가 들어갑니다. 영어에서는 같은 명사를 반복하지
　않고 가능한 대명사로 대체합니다. (p.152 대명사 참고)

※ Yes 뒤에는 Yes, she's., Yes, I'm.과 같이 줄인 말을 사용할 수 없음에 주의합니다.

영어는 같은 명사를 반복하지 않고 대명사로 대체합니다.

 Emma ⟶ she

 Tom ⟶ he

 Emma and Tom ⟶ they

'~하니?'라고 현재의 일을 물어볼 때는 Do / Does가 [문법박스]에, 동사의 원형이 [하다(이다)]에 들어갑니다. '~했니?'라고 과거의 일을 물어볼 때는 주어의 수와 인칭에 관계없이 Did가 [문법박스]에, 동사의 원형이 [하다(이다)]에 들어갑니다.

Do you like coffee? 너는 커피를 좋아하니?

문법박스	누가	하다(이다)	누구 · 무엇	어디	언제
~하니? Do	너는 you	좋아하다 like	커피를 coffee?		

Yes, I do. / No, I don't. 응, 나는 좋아해. / 아니, 나는 좋아하지 않아.

문법박스	누가	하다(이다)	누구 · 무엇	어디	언제
응 Yes,	나는 I	좋아해 do.			
아니 No,	나는 I	좋아하지 않아 don't.			

주어가 3인칭 단수(He, She, It)일 때는 Does가 [문법박스]에 들어갑니다.

Does she like dogs? 그녀는 개를 좋아하니?
Yes, she does. 응, 그녀는 좋아해.
No, she doesn't. 아니, 그녀는 좋아하지 않아.

> 의문사란?

> Who(누구), What(무엇), Where(어디), When(언제), Why(왜), How(어떻게)의 5W1H를 말합니다.

의문사를 사용한 의문문은 **What** time is it?(몇 시니?), **Where** is the library?(도서관은 어디에 있니?)와 같은 문장입니다. 의미순 박스에는 [누가], [무엇], [어디], [언제]와 같이 5W1H 중 4개가 이미 포함되어 있습니다. 즉, 의미순의 기본형으로 Who, What, Where, When의 문장도 만들 수 있는 것입니다.

※Why와 How는 선택 사항으로 [문법박스]를 사용합니다.

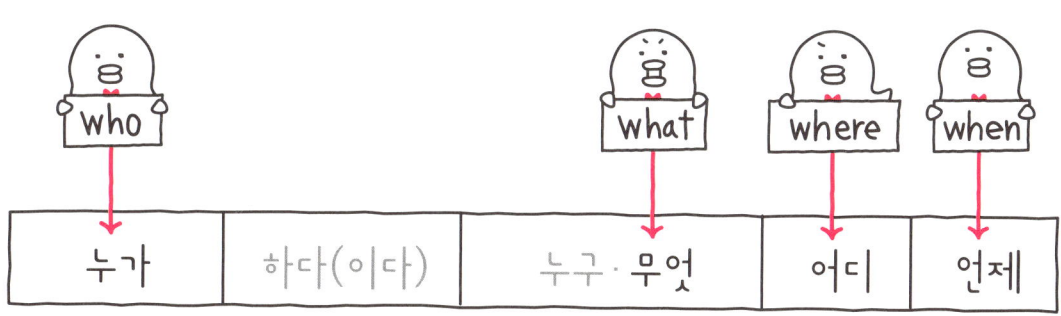

> 이것들을 묻는 문장으로 만들면 되겠구나!

의문사가 [문법박스]에 들어가며, 그 다음에 의문문이 이어집니다.

He plays soccer in the park after school. 그는 방과 후에 공원에서 축구를 한다.

↑밑줄 친 부분을 묻는 의문문을 만들어 봅시다!

'공원에서'는 장소를 나타내므로 in the park를 '어디에서(Where)'로 바꿔서 [문법박스]로 이동합니다.

누가	하다(이다)	누구 · 무엇	어디	언제
그는 He	~하다 plays	축구를 soccer	공원에서 in the park	방과 후에 after school.

일반동사의 현재형 의문문입니다.

문법박스	누가	하다(이다)	누구 · 무엇	어디	언제
~하니? Does	그는 he	~하다 play	축구를 soccer	(어디에서?) (Where?)	방과 후에 after school?

문법박스	누가	하다(이다)	누구 · 무엇	어디	언제
어디에서 ~하니? Where does	그는 he	~하다 play	축구를 soccer	(어디에서?) (Where?)	방과 후에 after school?

⇒ Where does he play soccer after school?

그는 방과 후에 어디에서 축구를 하니?

Her name is ___?___ . 그녀의 이름은 ___이다.

⇒ **What** is her name**?** 그녀의 이름은 무엇이니?

누가	하다(이다)	누구 · 무엇	어디	언제
그녀의 이름은 Her name	~이다 is	(무엇?) (what?)		

문법박스	누가	하다(이다)	누구 · 무엇	어디	언제
무엇이니? What is	그녀의 이름은 her name?	(is)	(무엇?) (what?)		

[문법박스]에 들어가지 않는 패턴이 있다! - - - - - - - - - - - - - - - - -

who가 '누가'라는 뜻으로 사용될 때는 그대로 [누가]에 들어갑니다. 이때 who 다음에 동사가 이어집니다.

___?___ broke the window. ___ 창문을 깼다.

⇒ **Who** broke the window**?** 누가 창문을 깼니?

누가	하다(이다)	누구 · 무엇	어디	언제
(누가?) (Who?)	깼다 broke	창문을 the window.		

문법박스	누가	하다(이다)	누구 · 무엇	어디	언제
	누가 Who	깼다 broke	창문을 the window?		

※ broke는 break(깨다, 부수다)의 과거형입니다.

명령문

Please를 붙여도 명령하는 말투

명령문은 "창문을 열어라," "여기에서 수영하지 마라."와 같이 상대방에게 명령·지시하거나 "제발 창문을 열어 주세요."와 같이 요청할 때 사용하는 문장입니다. 일반적으로 상대방은 '당신(You)'이라고 정해져 있으므로 주어 You를 생략합니다.

명령문 위치 설정

명령문과 관계 있는 박스는 **[하다(이다)]**입니다.

Open the window. 창문을 열어라.

누가	하다(이다)	누구·무엇	어디	언제
(생략)	열다 Open	창문을 the window.		

상대방에게 '~해라', '~하세요'라고 명령하는 문장으로, [누가]의 주어 You를 생략하고 동사의 원형으로 문장을 시작한다.

문장의 앞이나 뒤에 please를 붙여 좀 더 정중하게 요청할 수 있는데, 명령문인 것에는 변함이 없으므로 특히 상대방이 윗사람일 때는 주의가 필요합니다.

창문 좀 열어 주세요.
Please open the window.

아, 네….

'~하지 마라'의 명령문

Don't swim here. 여기서 수영하지 마라.

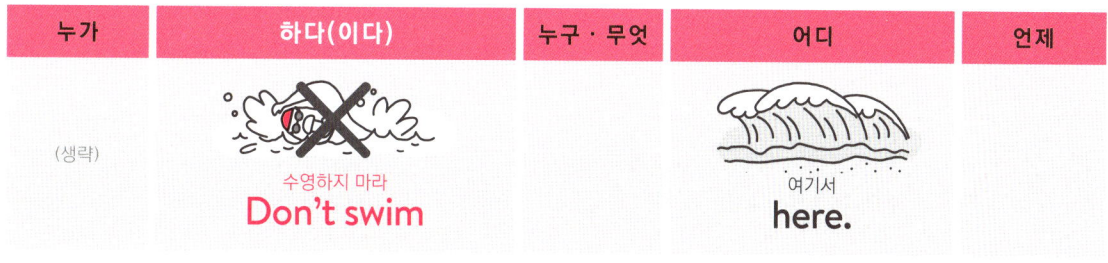

누가	하다(이다)	누구 · 무엇	어디	언제
(생략)	수영하지 마라 **Don't swim**		여기서 **here.**	

상대방에게 '~하지 마라'고 명령하는 문장으로, 「Don't〔Do not〕+ 동사의 원형」으로 쓴다.

'(다 함께) ~하자'라고 제안하는 문장

Let's swim here. 여기서 수영하자.

누가	하다(이다)	누구 · 무엇	어디	언제
(생략)	수영하자 **Let's swim**		여기서 **here.**	

상대방에게 '(다 함께) ~하자'라고 제안·권유하는 문장으로, 「Let's + 동사의 원형」으로 쓴다.

감탄문

'정말 ~하구나!'라고 놀라움을 나타내다

감탄문은 "정말 아름다운 꽃이구나!", "그녀는 바이올린 연주를 정말 잘하는구나!"와 같이 놀람이나 기쁨, 슬픔 등 자신의 감정을 나타낼 때 사용하는 문장입니다. What 또는 How 두 가지 표현 방법이 있으며, 문장의 끝에는 느낌표(!)를 붙입니다.

감탄문 위치 설정 -

감탄문과 관계 있는 박스는 **[문법박스]**, **[누가]**, **[하다(이다)]**입니다.

This flower is very beautiful. 이 꽃은 매우 아름답다.
⇒ **How beautiful this flower is!** 이 꽃은 정말 아름답구나!

누가	하다(이다)	누구·무엇	어디	언제
이 꽃은 This flower	~이다 is	매우 아름다운 very beautiful.		

⬇

문법박스	누가	하다(이다)	누구·무엇	어디	언제
정말 아름다운 How beautiful	이 꽃은 this flower	~이다 is!	매우 아름다운 (very beautiful)		

How와 함께 쓰여 '정말 ~하구나!'라는 의미를 나타내므로 [문법박스]로 이동한다.

우리말로 "정말 멋지구나!", "정말 멋진 모자야!"라는 표현이 있듯이, '정말' 뒤의 명사(여기서는 '모자') 유무에 따라 How ~!와 What ~!으로 나타낼 수 있습니다.

[문법박스]에 명사(사람·사물)가 들어가지 않을 때는 How를 사용해서 「How + 형용사(부사) + 주어 + 동사!」로 나타냅니다. [문법박스]에는 「How + 형용사(부사)」가 들어갑니다.

This boy is very tall. 이 남자아이는 키가 매우 크다.
⇒ How tall this boy is! 이 남자아이는 정말 키가 크구나!

문법박스	누가	하다(이다)
정말 키가 큰 **How tall**	이 남자아이 **this boy**	~이다 **is!**

명사(사람·사물)가 들어갈 때는 What을 사용해서 「What(a/an) + 형용사 + 명사 + 주어 + 동사!」로 나타냅니다.

He is a very kind boy. 그는 매우 친절한 남자아이다.
⇒ What a kind boy he is! 그는 정말 친절한 남자아이구나!

문법박스	누가	하다(이다)	누구·무엇	어디	언제
정말 친절한 남자아이 **What a kind boy**	그는 **he**	~이다 **is!**	매우 친절한 남자아이 (a very kind boy)		

※ [누구·무엇]의 a very kind boy가 What을 사용해서 [문법박스]로 이동합니다.

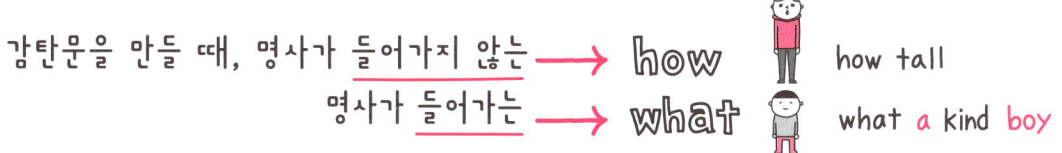

감탄문을 만들 때, 명사가 <u>들어가지 않는</u> ⟶ how　how tall

명사가 <u>들어가는</u> ⟶ how what　what a kind boy

다른 예문도 살펴보겠습니다.

- 부사를 사용한 패턴

He can swim very fast. 그는 매우 빨리 수영할 수 있다.

⇒ **How fast he can swim!** 그는 매우 빨리 수영할 수 있구나!

문법박스	누가	하다(이다)
얼마나 빨리 **How fast**	그는 **he**	수영할 수 있다 **can swim!**

- 일반동사(be동사, 조동사 이외의 모든 동사)를 사용한 패턴

She has very big dogs. 그녀는 매우 큰 개들을 기르고 있다.

⇒ **What big dogs she has!** 그녀는 정말 큰 개들을 기르고 있구나!

문법박스	누가	하다(이다)	누구 · 무엇	어디	언제
정말 큰 개들을 **What big dogs**	그녀는 **she**	기르고 있다 **has!**			

※ have : ~을 기르다

> 명사가 복수형(big dogs)일 때는
> a/an을 붙이지 않는다.

"얼마나 오래됐니?"와 "정말 오래되었구나!"

다음 두 문장은 this building과 is의 자리가 달라서 의미도 다릅니다. 다음 첫 번째 문장은 의문문(**동사**+**주어**)이고, 두 번째 문장은 감탄문(**주어**+**동사**)입니다.

How old **is this building?** 이 건물은 얼마나 오래됐니? (지은 지 얼마나 오래됐니?)

문법박스	누가	하다(이다)	누구·무엇	어디	언제
얼마나 오래된 How old **is**	이 건물은 **this building?**	(is)			

How old **this building is!** 이 건물은 정말 오래되었구나!

문법박스	누가	하다(이다)	누구·무엇	어디	언제
정말 오래된 How old	이 건물은 **this building**	~이다 **is!**			

대화에서는 '주어+동사'를 생략할 수 있다! -

일상 대화에서 말하는 사람과 듣는 사람 둘 다 무엇에 대해 이야기하고 있는지 알 수 있는 상황에서는 감탄문의 '주어+동사'를 생략할 수 있습니다.

How nice! (선물 등을 열어 보며) 정말 멋지구나!

문법박스	누가	하다(이다)	누구·무엇	어디	언제
정말 멋진 **How nice!**	(생략) it	(생략) is			

What a lovely day! 날씨가 정말 좋구나!

문법박스	누가	하다(이다)	누구·무엇	어디	언제
정말 좋은 날씨 **What a lovely day!**	(생략) it	(생략) is			

영어의 문장 구조를 간파하다

　우리말과 마찬가지로 영어에도 짧은 문장과 긴 문장이 있습니다. 영어의 문장 구조를 이해하기 위해서는 다음의 포인트를 알아 두는 것이 좋습니다.

문장 속에 있는 '단어 덩어리': 구와 절

문장은 단어 덩어리로 나눌 수 있습니다. 이 덩어리는 '주어＋동사'를 포함하느냐에 따라 두 가지 유형으로 구분할 수 있습니다. 하나는 '주어＋동사'를 포함하지 않는 구이고, 다른 하나는 '주어＋동사'를 포함하는 절입니다. **구와 절은 두 개 이상의 단어가 모여 뜻을 가지며 하나의 품사의 역할을 합니다.** (p.147 품사부 참고)

(1) The boy left the key on the table.

그 남자아이는 탁자 위에 열쇠를 두고 갔다.

the boy(그 남자아이)와 the key(열쇠)가 명사구로서 명사 역할, on the table(탁자 위에)이 부사 역할을 하는 전치사구입니다.

(2) I like tennis and she likes soccer.

나는 테니스를 좋아하고 그녀는 축구를 좋아한다.

I like tennis(나는 테니스를 좋아한다)와 she likes soccer(그녀는 축구를 좋아한다) 두 개의 절(주어＋동사)로 이루어져 있습니다.

(3) I think that she likes soccer.

나는 그녀가 축구를 좋아한다고 생각한다.

I think(나는 생각한다)와 she likes soccer(그녀는 축구를 좋아한다) 두 개의 절로 이루어져 있습니다.

문장은 기본적으로 '주어+동사'(절)로 이루어져 있습니다. 하나의 '주어+동사'(절)로 이루어진 문장을 **단문**이라고 합니다. 반면에 접속사(문장을 이어 주는 말)를 사용해서 두 개 이상의 '주어+동사'(절)로 이루어진 문장을 **중문**, **복문**이라고 합니다. 중문과 복문의 차이는 서로 다른 접속사로 **연결하는 방법**에 있습니다.

(1) 단문 : '주어 + 동사'(절)가 한 개

The boy left the key on the table.

그 남자아이는 탁자 위에 열쇠를 두고 갔다.

'주어+동사'의 절이 The boy left(그 남자아이는 두고 갔다) 한 개이므로 단문이 됩니다.

(2) 중문 : '주어 + 동사'(절)가 두 개 이상

접속사 : and, but, or 등

I like tennis **and** she likes soccer.

나는 테니스를 좋아하고 그녀는 축구를 좋아한다.

'주어+동사'의 절이 I like와 she likes 두 개입니다.

중문은 두 절이 접속사에 의해 문법상 **대등하게 연결**됩니다.

(3) 복문 : '주어 + 동사'(절)가 두 개 이상

접속사 : that, if, when, as 등

I think **that** she likes soccer.

나는 그녀가 축구를 좋아한다고 생각한다.

'주어+동사'의 절이 I think와 she likes 두 개입니다.

복문은 두 절이 **대등하지 않으며** that 이하의 절은 I think의 내용을 말합니다.

구조를 알고 있으면 문법 용어를 억지로 외울 필요가 없네!

단문

'주어+동사'만으로 뜻을 가지는 문장

단문은 주어와 동사가 각각 하나씩인 문장입니다. 예를 들어 The baby smiled.(The baby=주어, smiled=동사), I play soccer. (I=주어, play=동사, soccer=목적어)와 같이 주어와 동사가 각각 하나씩인 문장입니다.

I play baseball.

주어 + 동사

단문 위치 설정

단문과 관계 있는 박스는 **[누가]**, **[하다(이다)]**입니다.

The baby smiled in this room just now. 아기가 방금 이 방에서 미소 지었다.

누가	하다(이다)	누구 · 무엇	어디	언제
아기가 **The baby**	미소 지었다 **smiled**		이 방에서 in this room	방금 just now.

단문은 하나의 절(주어+동사)로 이루어진 문장이다.

062

다음은 1~5형식 문장으로, 각 문장은 하나의 '주어+동사'를 포함하고 있습니다.

(1) **The baby smiled.** 그 아기가 미소 지었다.

(2) **My mother isn't** a doctor. 나의 어머니는 의사가 아니다.

(3) **Children like** music. 아이들은 음악을 좋아한다.

(4) **I will give** her a present. 나는 그녀에게 선물을 줄 것이다.

(5) **They didn't call** him John. 그들은 그를 존이라고 부르지 않았다.

문형	누가	하다(이다)		누구·무엇
1형식	The baby	smiled.		
2형식	My mother	isn't		a doctor.
3형식	Children	like		music.
4형식	I	will give	her	a present.
5형식	They	didn't call	him	John.

중문

'주어 + 동사'가 두 개 이상 있는 문장

중문은 문법상의 기능이 같은 두 개 이상의 절(주어+동사)이 접속사로 연결된 문장입니다. I like baseball, and my sister likes soccer.에서 I like와 my sister likes 두 개의 절을 and라는 접속사가 연결해 주고 있습니다. 중문은 두 개의 절이 별개의 문장으로도 이루어진다는 특징이 있습니다.

중문 위치 설정

중문과 관계 있는 박스는 **[문법박스]**, **[누가]**, **[하다(이다)]**입니다.

I like baseball, and my sister likes soccer.

나는 야구를 좋아하고, 나의 여동생은 축구를 좋아한다.

문법박스	누가	하다(이다)	누구 · 무엇	어디	언제
	나는 **I**	좋아한다 **like**	야구를 **baseball,**		
그리고 **and**	나의 여동생은 **my sister**	좋아한다 **likes**	축구를 **soccer.**		

She is reading, but he is sleeping. 그녀는 독서를 하고 있지만 그는 자고 있다.

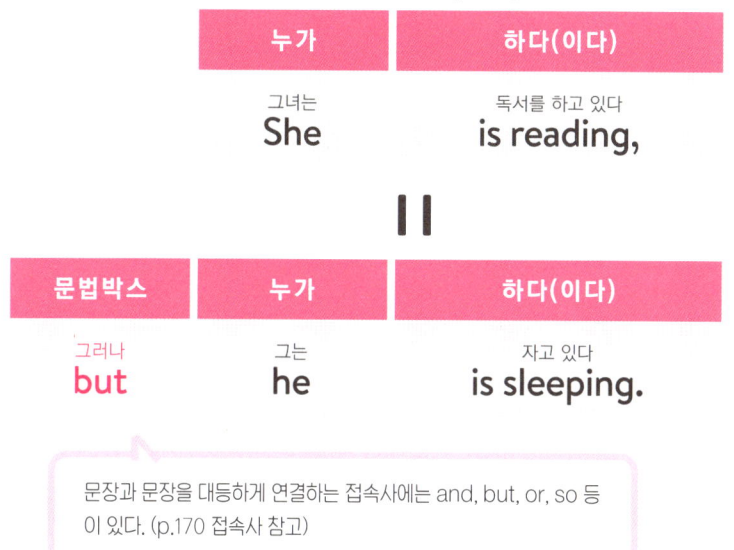

누가	하다(이다)
그녀는 She	독서를 하고 있다 is reading,

=

두 문장은 문법적으로 대등한
관계에 있다.

문법박스	누가	하다(이다)
그러나 but	그는 he	자고 있다 is sleeping.

문장과 문장을 대등하게 연결하는 접속사에는 and, but, or, so 등
이 있다. (p.170 접속사 참고)

Do your homework, or you will fail the exam.

숙제를 해라 그렇지 않으면 너는 시험에 떨어질 것이다.

문법박스	누가	하다(이다)	누구 · 무엇	어디	언제
	(생략)	해라 Do	너의 숙제를 your homework,		
그렇지 않으면 or	너는 you	떨어질 것이다 will fail	시험에 the exam.		

명령형에서 [누가]가 생략되어 있어도 두 문장은 대등한 관계이다. 명령형은 주어 You를
생략하고 문장의 맨 앞에 동사의 원형을 사용한 형태이다.

복문

주종 관계가 있는 문장

복문은 두 개 이상의 절로 이루어진 문장인데 두 절의 문법상의 기능은 동일하지 않습니다. When I came home, he was watching TV.에서 문장의 중심은 he 이하의 절(주절)이고 When 이하는 종속절이 됩니다.

복문 위치 설정

복문과 관계 있는 박스는 **[문법박스]**, **[누가]**, **[하다(이다)]**입니다.

I think that they will win the game. 나는 그들이 그 경기에서 이길 거라고 생각한다.

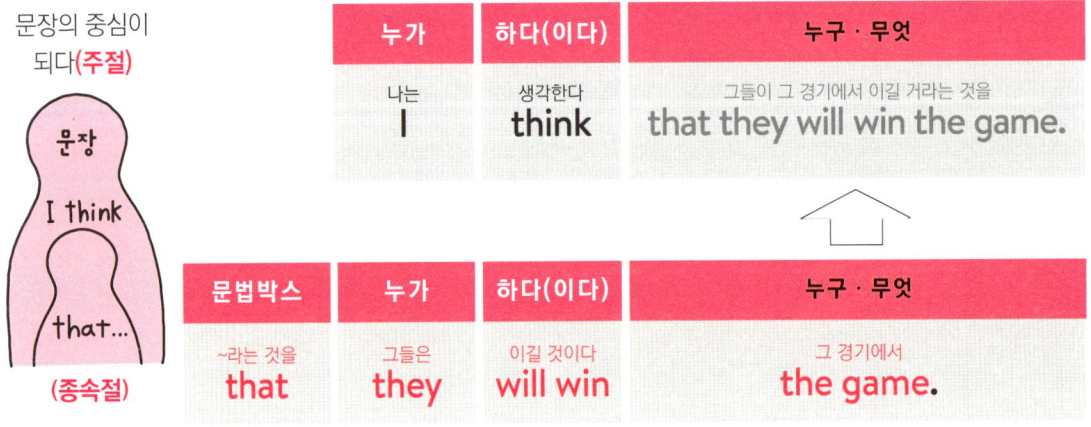

	누가	하다(이다)	누구 · 무엇
	나는	생각한다	그들이 그 경기에서 이길 거라는 것을
	I	think	that they will win the game.

문법박스	누가	하다(이다)	누구 · 무엇
~라는 것을	그들은	이길 것이다	그 경기에서
that	they	will win	the game.

문장의 중심이 되다(**주절**)

문장
I think
that...

(**종속절**)

복문은 문장의 중심이 되는 주절과 '~라는 것', '~때', '~이기 때문에', '만약 ~이라면' 등을 나타내는 종속절로 이루어진 문장을 말한다.

주절과 종속절을 연결하는 접속사에는 that, if, when, as 등이 있습니다.

I will call you when I arrive at the station.

내가 역에 도착하면 너에게 전화할게.

문법박스	누가	하다(이다)	누구 · 무엇	어디	언제
	나는 I	전화할 것이다 will call	너에게 you		
~때 when	나는(내가) I	도착하다 arrive		역에 at the station.	

절과 절은 that, when, because, if 등의 접속사로 연결된다. (p.170 접속사 참고)

I didn't go there because I was tired.

나는 피곤했기 때문에 거기에 가지 않았다.

문법박스	누가	하다(이다)	누구 · 무엇	어디	언제
	나는 I	가지 않았다 didn't go		거기에 there	
~때문에 because	나는 I	~였다 was	피곤한 tired.		

제 **3** 장

문법 사항을
알아보자

동사

바로 문장의 '심장부'

동사는 문장에서 중심적인 역할을 합니다. 예를 들어 '그', '커피'라는 말만으로는 그가 커피를 '마신다'는 것인지, 아니면 커피를 '좋아한다'는 것인지 '싫어한다'는 것인지 알 수 없습니다. 동사가 없으면 문장이 이루어지지 않습니다.

걷는지 뛰는지 먹는지 마시는지 모든 것을 내가 결정한다

동사 위치 설정

동사와 관계 있는 박스는 주로 **[하다(이다)]**입니다.

My son plays baseball on weekends. 나의 아들은 주말에 야구를 한다.

누가	하다(이다)	누구·무엇	어디	언제
나의 아들은 **My son**	한다 **plays**	야구를 **baseball**		주말에 **on weekends.**

동사는 크게 be동사와 일반동사로 구분된다.

동사의 모양에는 **원형**, **현재형**, **과거형**, **과거분사**, **-ing형**이 있습니다. 원형은 동사의 원래 모습으로, 기본형이 됩니다.

현재형은 '현재시제', 과거형은 '과거시제', 과거분사는 '완료형(have / had+과거분사)' 또는 '수동태(be+과거분사)', -ing형은 현재분사 또는 동명사와 깊이 관련되어 있습니다. (시제나 완료형 · 수동태 · 동명사 · 분사에 대해서는 다음 항목 이후에 자세히 설명합니다.)

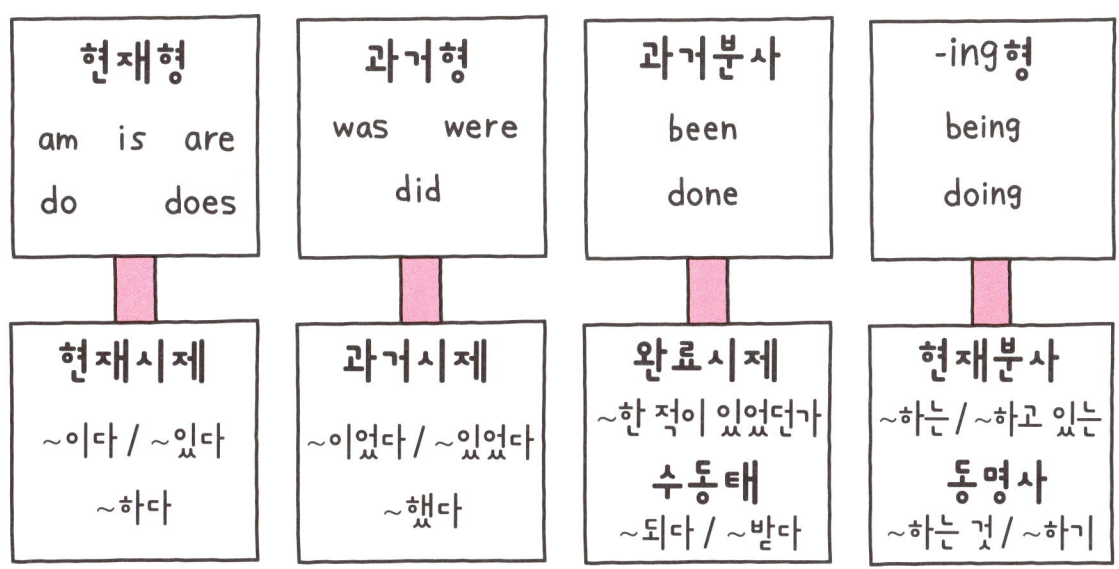

일반동사는 규칙적으로 활용해서 과거형, 과거분사형을 만드는 '규칙 동사'와 불규칙하게 활용해서 과거형, 과거분사형을 만드는 '불규칙 동사'로 구분할 수 있습니다.

(1) 규칙 동사

대부분의 동사는 동사의 원형 뒤에 -ed를 붙여서 과거형과 과거분사형을 만듭니다.

예: walk(원형) — walked(과거형) — walked(과거분사형)

원칙적으로 -ed를 붙일 때 주의해야 할 것이 있습니다.

① -e로 끝나는 동사 → -d만 붙인다. (lived)

② 자음 + y로 끝나는 동사 → y를 i로 바꾸고 -ed를 붙인다. (studied)

③ 단모음 + 단자음으로 끝나는 동사 → 마지막 자음을 한 번 더 쓰고 -ed를 붙인다. (stopped)

(2) 불규칙 동사 (독특한 활용을 하는 동사)

불규칙 동사에는 네 가지 유형이 있습니다.

	원형 (A)	과거형 (B)	과거분사형 (C)
ABB형	teach	taught	taught
ABA형	come	came	come
ABC형	speak	spoke	spoken
AAA형	cut	cut	cut

일반동사에는 뒤에 목적어를 가지지 않는 동사와 목적어를 가지는 동사가 있습니다. 다음 두 문장을 살펴보겠습니다.

My father **runs** in the park every morning.

나의 아버지는 매일 아침 공원에서 달린다.

누가	하다(이다)	누구·무엇	어디	언제
나의 아버지는	달린다		공원에서	매일 아침
My father	runs		in the park	every morning.

My sister **plays** the piano at home every day.

나의 여동생은 매일 집에서 피아노를 친다.

누가	하다(이다)	누구·무엇	어디	언제
나의 여동생은	친다	피아노를	집에서	매일
My sister	plays	the piano	at home	every day.

두 문장의 차이점을 알 수 있을까요? 두 번째 문장에는 [누구·무엇]에 the piano(피아노를)라는 목적어가 있는데, 첫 번째 문장에는 없습니다. [누구·무엇]에 들어갈 **목적어가 필요 없는 동사를 자동사, 목적어가 필요한 동사를 타동사**라고 합니다. **영어에서는 타동사 뒤에 반드시 목적어가 와야 합니다.**

다른 예문도 살펴보겠습니다.

자동사   I **slept** for fifteen hours.   나는 15시간 동안 잤다.

타동사   I **met** her at the party.   나는 그 파티에서 그녀를 만났다.

사전에서 타동사는 주로 '타', 자동사는 주로 '자'라고 표시되어 있습니다. 하나의 동사에서 자동사와 타동사 모두 사용 가능한 것도 있습니다.

동사는 행위와 동작의 '움직임'을 기준으로, '수영하다', '달리다' 등과 같은 **동작동사**와 **상태동사**로 구분할 수 있습니다.

상태동사란?

have, like, love, want, know 등의 '움직임이 없는 동사'로, 고정적이고 변하지 않는 상태 · 상황을 나타냅니다. be동사도 움직임이 없으므로 상태동사에 속합니다.

동작동사   상태동사

MEMO

동작동사와 상태동사로 둘 다 사용되면서 다른 의미를 가지는 동사가 있는데, have가 그 대표적인 예입니다.

have [동작] ~을 먹다, 마시다

　　　[상태] ~을 가지고 있다, ~을 소유하고 있다

· I'm having lunch.　나는 점심을 먹고 있다.

· I have a cat.　나는 고양이를 기르고 있다.

「동사＋부사／전치사」 또는 「동사＋부사＋전치사」 형태로 구성된 두세 개의 단어 집합을 **군동사**라고 합니다. get up(일어나다), take care of(~을 돌보다), put up with(~을 참다)와 같이 하나의 동사로 사용되며 목적어를 가질 수 있습니다.

I get up at seven thirty in the morning. 나는 아침 7시 30분에 일어난다.

누가	하다(이다)	누구·무엇	어디	언제

군동사는 [하다(이다)]에 들어간다.

I can't put up with this long meeting. 나는 이 긴 회의를 참을 수가 없다.

누가	하다(이다)	누구·무엇	어디	언제

p.73와 마찬가지로 [누구·무엇](목적어)이 필요한 군동사와 필요하지 않은 군동사가 있다.

기본 시제

현재·과거·미래, 언제를 말하는 거야?

기본 시제에는 ① 현재(~하다), ② 과거(~했다), ③ 미래(~할 것이다)가 있습니다. 우리말은 '하다'인지 '했다'인지를 대화의 끝까지 들어 봐야 알 수 있지만 영어는 어순에서 알 수 있듯이 비교적 문장의 앞부분에서 알 수 있습니다. 영어는 '언제를 말하고 있는가'가 매우 중요한 언어입니다.

과거 현재 미래

시제 위치 설정

시제와 관계 있는 박스는 주로 **[하다(이다)]**, **[언제]**입니다.

(1) 현재형

She is a high school student now.   그녀는 지금 고등학생이다.

누가	하다(이다)	누구 · 무엇	어디	언제
그녀는 She	~이다 is	고등학생 a high school student		지금 now.

(2) 과거형

She was an elementary school student ten years ago.

그녀는 10년 전 초등학생이었다.

누가	하다(이다)	누구 · 무엇	어디	언제
그녀는 She	~이었다 was	초등학생 an elementary school student		10년 전 ten years ago.

076

(3) 미래 표현

She will be a college student next year. 그녀는 내년에 대학생일 것이다.

누가	하다(이다)	누구 · 무엇	어디	언제
그녀는	~일 것이다	대학생		내년
She	will be	a college student		next year.

현재시제 -

먼저 일상적인 습관이나 사실을 말하는 현재시제를 이해하는 것이 시제를 이해하는 지름길입니다. 현재시제는 구체적으로 다음 상황을 나타낼 때 사용됩니다.

(1) 주어의 현재 상태나 성질을 나타낼 때

She is kind. 그녀는 친절하다.

누가	하다(이다)	누구 · 무엇	어디	언제
그녀는	~이다	친절한		
She	is	kind.		

(2) 현재의 습관적 동작을 나타낼 때

He usually gets up at seven every morning. 그는 대개 매일 아침 7시에 일어난다.

누가	하다(이다)	누구 · 무엇	어디	언제
그는	대개 일어난다			매일 아침 7시에
He	usually gets up			at seven every morning.

> 동사 앞에 usually, always 등의 빈도부사가 올 수 있다.

> [언제]에는 once a day(하루에 한 번), once a week(일주일에 한 번), on Sundays(매주 일요일) 등도 올 수 있다.

(3) 불변의 진리나 일반적인 사실을 나타낼 때

The earth goes around the sun. 지구는 태양 주위를 돈다.

누가	하다(이다)	누구 · 무엇	어디	언제
지구는 **The earth**	돈다 **goes**		태양 주위를 **around the sun.**	

일반동사의 현재형은 동사의 기본 모양(동사의 원형)을 그대로 사용하면 됩니다. 하지만 (2)의 get**s** up, (3)의 go**es**와 같이 주어가 3인칭 단수(She, He, It 또는 3인칭 단수 명사)일 때는 동사의 원형에 -(e)s를 붙입니다.

과거시제 --

과거시제는 동사의 과거형을 사용해서 과거의 동작이나 상태, 과거의 습관 등을 나타낼 때 사용됩니다.

She was in the hospital last year. 그녀는 작년에 병원에 있었다.

누가	하다(이다)	누구 · 무엇	어디	언제
그녀는 **She**	있었다 **was**		병원에 (입원해서) **in the hospital**	작년에 **last year.**

I worked in the office last Sunday. 나는 지난 일요일 사무실에서 일했다.

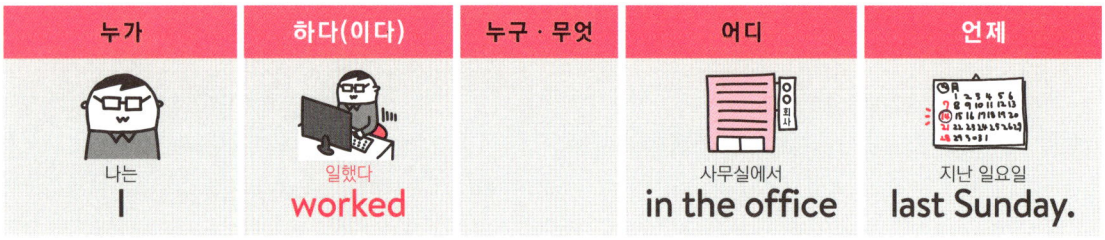

누가	하다(이다)	누구 · 무엇	어디	언제
나는 **I**	일했다 **worked**		사무실에서 **in the office**	지난 일요일 **last Sunday.**

일반동사의 과거형은 work**ed**, studi**ed** 등과 같이 기본적으로 동사의 원형에 -(e)d를 붙이는 규칙 동사와 go의 과거형 went, break의 과거형 broke와 같이 불규칙하게 변하는 불규칙 동사가 있다. (p.72 참고)

동사의 어미 변화에 미래형은 없으므로 주로 「will + 동사의 원형」 또는 「be going to + 동사의 원형」을 사용해서 앞으로 일어날 일을 나타냅니다.

(1) will + 동사의 원형 : ~할 것이다

I will be twenty years old soon. 나는 곧 20살이 될 것이다.

누가	하다(이다)	누구 · 무엇	어디	언제
나는	~일 것이다	20살		곧
I	will be	twenty years old		soon.

> will은 '~할 것이다'라는 뜻의 조동사다. (p.80 조동사 참고)

(2) be going to + 동사의 원형 : ~할 예정이다

I am going to stay in London next summer.

나는 내년 여름 런던에 머무를 예정이다.

누가	하다(이다)	누구 · 무엇	어디	언제
나는	머무를 예정이다		런던에	내년 여름
I	am going to stay		in London	next summer.

> 미래의 일은 어디까지나 예정이고 불확실한 것이지만, 미리 계획되거나 예정된 일에는 be going to를 사용하여 나타낸다.

will

be going to

조동사

[하다(이다)](= 동사)의 조미료

　조동사는 '동사를 돕다'라는 뜻으로, 이름 그대로 동사의 뜻이 더 잘 전달될 수 있게 도와주는 역할을 합니다. 예를 들어 "나는 축구를 한다."에 의지를 나타내어 "나는 축구를 할 거야," 허가를 구하며 "제가 축구를 해도 될까요?", 능력이나 가능을 나타내어 "나는 축구를 할 수 있다."와 같이 [하다(이다)]에 의미를 더해 주는 역할을 하는 것이 조동사입니다.

조동사 위치 설정 -

조동사와 관계 있는 박스는 **[하다(이다)]**입니다.

I take the exam. 나는 시험을 치른다.

누가	하다(이다)		누구 · 무엇	어디	언제
나는 **I**	치른다 **take**		시험을 **the exam.**		

치를 것이다
will take

칠 수 있다
can take

칠지도 모른다
may take

치러야 한다
must take

치러야 한다
should take

치르는 편이 낫다
had better take

조동사는 동사를 다양한 뉘앙스로 맛을 낸다!

다음은 자주 사용되는 조동사로, (　) 안은 각 조동사의 과거형입니다.

will (would)
~할 것이다

주어의 의지를 나타내는 will을 의문문 (Will you ~?)에서 사용하면 부탁의 표현으로 사용될 수 있습니다. Would you ~?는 정중히 부탁할 때 사용할 수 있는 매우 공손한 표현입니다.

can (could)
~할 수 있다

주어의 능력을 나타내는 can을 의문문 (Can you ~?)에서 사용하면 문맥에 따라 허락을 구하는 공손한 표현이 되기도 합니다. Could you ~?는 정중한 표현입니다.

may (might)
~해도 좋다, ~일지도 모른다

You may ~.는 허락해 주는 것이고 May I ~?는 허락을 구하는 것입니다. 현재나 미래의 일에 대한 추측 · 가능성도 나타냅니다.

must / have to (had to)
~해야 한다

의무나 필요를 나타냅니다. You must / have to 둘 다 명령이나 강한 권유의 의미이지만, 부정형은 의미가 서로 다릅니다.

shall (should)
~할 것이다

Shall I / we ~?는 '~할까요?'라는 뜻으로 제안하거나 의견을 묻는 표현입니다.

ought to
~해야 한다, ~하는 것이 좋다

현재의 의무 또는 논리적인 추측을 나타냅니다. should와 비슷한 뜻이지만 should보다 격식 차린 단어입니다.

used to
~하곤 했다, (과거에) ~했다

과거의 습관이나 상태 · 사실을 나타냅니다. 과거의 습관은 would로도 나타낼 수 있지만 used to는 '현재는 그렇지 않다'라는 뉘앙스가 강합니다.

had better
~하는 편이 낫다

주어가 I 또는 we일 때는 문제가 없지만 주어가 you일 때(You had better)는 충고의 의미를 내포합니다.

need
~할 필요가 있다, ~해야 한다

조동사로서의 need는 주로 부정문 (need not) 또는 의문문(Need you ~?)에서 사용됩니다.

must와 have to(3인칭 단수는 has to)는 의무(필요)를 나타내는 조동사로, 둘 다 '~해야 한다'라는 뜻이지만 부정형이 되면 뜻이 달라집니다.

You must [have to] take the exam. 너는 시험을 치러야 한다.

had better는 '~하는 편이 낫다'라고 충고할 때 사용합니다. 충고를 따르지 않으면 안 좋은 결과가 이어질 것이라는 경고나 위협의 의미를 포함하고 있습니다.

You go to the library. 너는 도서관에 간다.
⇒ You had better go to the library. 너는 도서관에 가는 편이 낫다.

누가	하다(이다)	누구·무엇	어디	언제
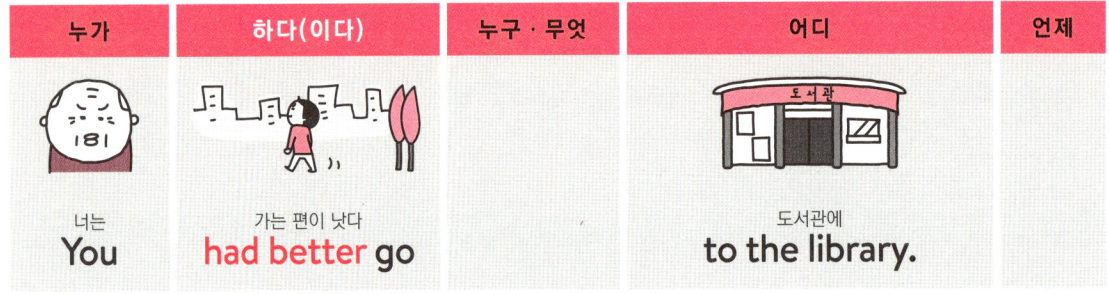				
너는 You	가는 편이 낫다 had better go		도서관에 to the library.	

※ 윗사람이나 어른들에게 had better를 사용하게 되면 무례한 표현이 되므로 주의해야 합니다.

will → would, can → could, may → might는 각 조동사의 과거형으로, 다음 예문과 같은 정중한 표현으로 나타
낼 때는 '현재' 시점의 일도 과거형을 사용합니다. 즉, 과거형을 사용하면 상대방을 배려하여 조심스럽게 말하는 느낌
의 완곡한 표현이 되어 약한 표현, 곧 정중한 표현이 되는 것입니다. 다음은 과거형이지만 현재의 의미로 자주 사용되
는 표현입니다.

(1) would like to ~

「would like to+동사의 원형」은 '~하고 싶다'라고 상대방에게 정중하게 제안하거나 바람을 전할 때 사용하는 표현입
니다.

I would like to help you.　저는 당신을 도와드리고 싶은데요.

누가	하다(이다)	누구·무엇	어디	언제
저는 I	도와드리고 싶습니다 would like to help	당신을 you.		

(2) Could you ~? / Would you ~?

Can you ~?, Will you ~?(~해 줄 수 있니?, ~해 줄래?)는 가족이나 친구 등 가까운 사람에게 부탁할 때 사용할 수
있는 표현입니다. 상대방에게 정중히 부탁하거나 요청할 때는 과거형을 사용해서 Could you ~?, Would you ~?(~
해 주실 수 있습니까?, ~해 주시겠습니까?)라고 합니다.

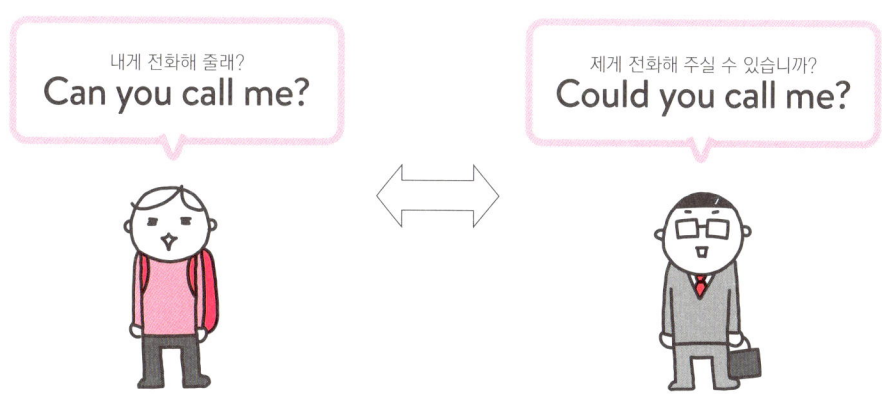

진행형

지금 그거 하고 있어!

　여러분은 지금 무엇인가를 하고 있는 중일 것입니다. 이 책을 아마 읽고 있을 것입니다. 이렇게 "나는 지금 책을 읽고 있는 중이다."라고 진행 중인 동작을 나타낼 때 사용하는 것이 진행형입니다. 여기서는 ① 현재진행형, ② 과거진행형, ③ 미래진행형을 소개하겠습니다.

진행형 위치 설정

진행형과 관계 있는 박스는 **[하다(이다)]**, **[언제]**입니다.

My sister **is swimming** now. 나의 여동생은 지금 수영하고 있다.

누가	하다(이다)	누구·무엇	어디	언제
나의 여동생은 **My sister**	수영하고 있다 **is swimming**			지금 **now.**

> 진행형은 「be동사+동사의 -ing」 형태로, 일시적으로 진행 중인 동작을 나타낸다. [언제] 하고 있는지를 생각하자!

※ '동사의 -ing'는 현재분사로, 주로 진행형을 만들 때 사용합니다. (p.110 분사 참고)

진행형은 어느 시점에 동작이 진행 중임을 나타낼 때 사용합니다.

(1) 현재진행형(am / is / are + 동사의 -ing) : 지금 ~하고 있다

He is playing the piano now. 그는 지금 피아노를 치고 있다.

누가	하다(이다)	누구 · 무엇	어디	언제
그는 He	치고 있다 is playing	피아노를 the piano		지금 now.

동작이 진행 중

지금 시점에

(2) 과거진행형(was / were + 동사의 -ing) : 그때는 ~하고 있었다

She was watching TV when I came home.

내가 집에 돌아왔을 때 그녀는 텔레비전을 보고 있었다.

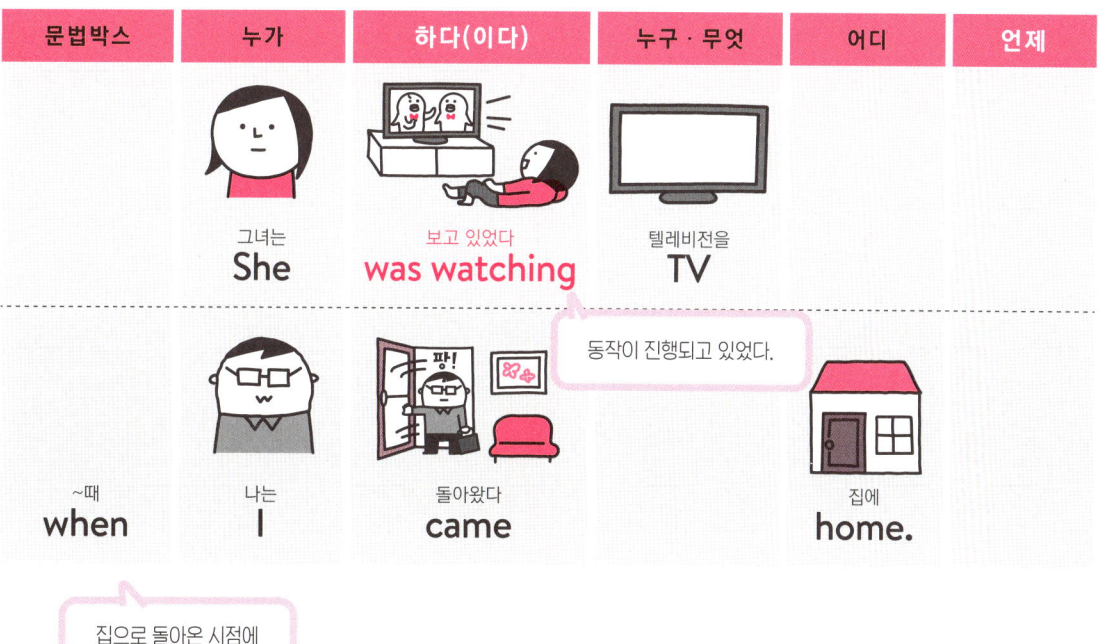

문법박스	누가	하다(이다)	누구 · 무엇	어디	언제
	그녀는 She	보고 있었다 was watching	텔레비전을 TV		
~때 when	나는 I	돌아왔다 came		집에 home.	

동작이 진행되고 있었다.

집으로 돌아온 시점에

(3) 미래진행형(will be + 동사의 -ing) : 그때는 ~하고 있을 것이다

They will be studying when you get up.

네가 일어날 때 그들은 공부를 하고 있을 것이다.

문법박스	누가	하다(이다)	누구 · 무엇	어디	언제
	그들은 **They**	공부를 하고 있을 것이다 **will be studying**	동작이 진행되고 있을 것이다.		
~때 **when**	네가 **you**	일어나다 **get up.**			

일어나는 시점에

MEMO

진행형은 일시적으로 진행 중인 동작을 나타내므로 like, love, want, know 등의 기분이나 상태를 나타내는 상태동사는 원칙적으로 진행형으로 사용할 수 없습니다. 상태동사 중에는 '알고 있다', '소속되어 있다' 등과 같이 우리말 뜻과 완전히 일치하지 않는 동사가 있으므로 진행형으로 사용하지 않도록 주의합니다. (p.74 상태동사 참고)

· I know him.   나는 그를 알고 있다.
· She belongs to a soccer team.   그녀는 축구팀에 소속되어 있다.
· He resembles his father.   그는 아버지를 닮았다.

현재진행형은 말하는 시점에 일어나고 있는 일뿐만 아니라 가까운 미래의 일을 나타낼 때도 사용할 수 있습니다.

The train is leaving. 열차가 출발하려고 한다.

누가	하다(이다)	누구·무엇	어디	언제

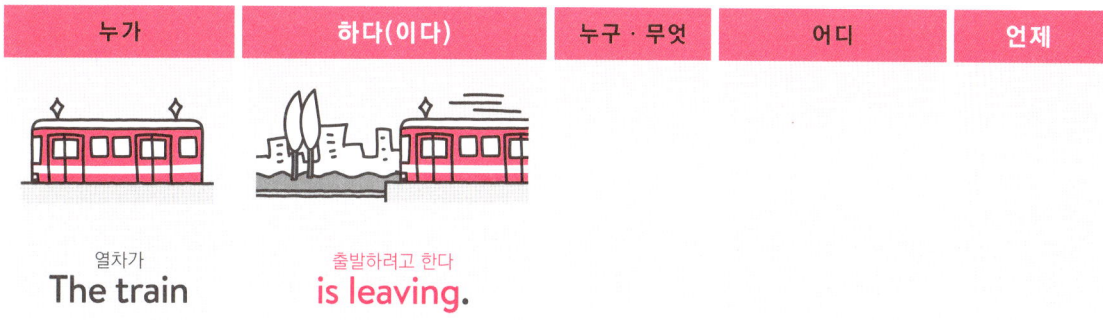

열차가
The train

출발하려고 한다
is leaving.

It is getting dark. 어두워지고 있다.

누가	하다(이다)	누구·무엇	어디	언제

(날씨나 명암을 나타내는 It)
It

되고 있다
is getting

어두운
dark.

※ get : ~한 상태가 되다, dark : 어두운

완료형

왔던 길을 되돌아보다

'현재형·과거형·미래 표현'이 '언제의 일인가'를 나타내는 반면, 완료형은 '(과거를 되돌아보며) 그 시점에서 어떤가'를 나타낼 때 사용합니다. '(지금 시점에서) 막 숙제를 끝냈다' 또는 '(그때까지) 미국에 간 적이 없다', '(내년으로) 중학교를 졸업한 지 10년이 된다' 등 그 시점부터 과거를 되돌아보는 것이 핵심입니다.

생각해 보니 멀리 왔군

완료형 위치 설정

완료형과 관계 있는 박스는 **[하다(이다)]**, **[언제]**입니다.

(1) 현재완료형

Jane has lived in Okinawa for nine years.

제인은 오키나와에 9년간 살고 있다.

누가	하다(이다)	누구·무엇	어디	언제
제인은 **Jane**	살고 있다 **has lived**		오키나와에 **in Okinawa**	9년간 **for nine years.**

(2) 과거완료형

She had never lived in Okinawa until she moved there nine years ago.

그녀는 9년 전에 거기로 이사할 때까지는 한 번도 오키나와에 살아 본 적이 없었다.

※ until : ~할 때까지, move : 이사하다

(3) 미래완료형
Jane will have lived in Okinawa for ten years next year.
제인은 내년에 10년 동안 오키나와에서 살 것이다.

완료형이란, '되돌아봐, 어때?' -

완료형에는 '현재완료형', '과거완료형', '미래완료형'이 있습니다.

완료형	영어	의미
현재완료형	have / has + 과거분사	(지금 시점에서) 이미 ~해 버렸다(완료·결과), 계속 ~이다(계속), (지금까지) ~한 적이 있다(경험)
과거완료형	had + 과거분사	(과거의 그때까지는) ~해 버렸다(완료·결과), 계속 ~였다(계속), ~한 적이 있었다(경험)
미래완료형	will have + 과거분사	(미래의 그 무렵까지는) ~해 버렸을 것이다(완료·결과), 계속 ~하고 있을 것이다(계속), ~한 것이 될 것이다(경험)

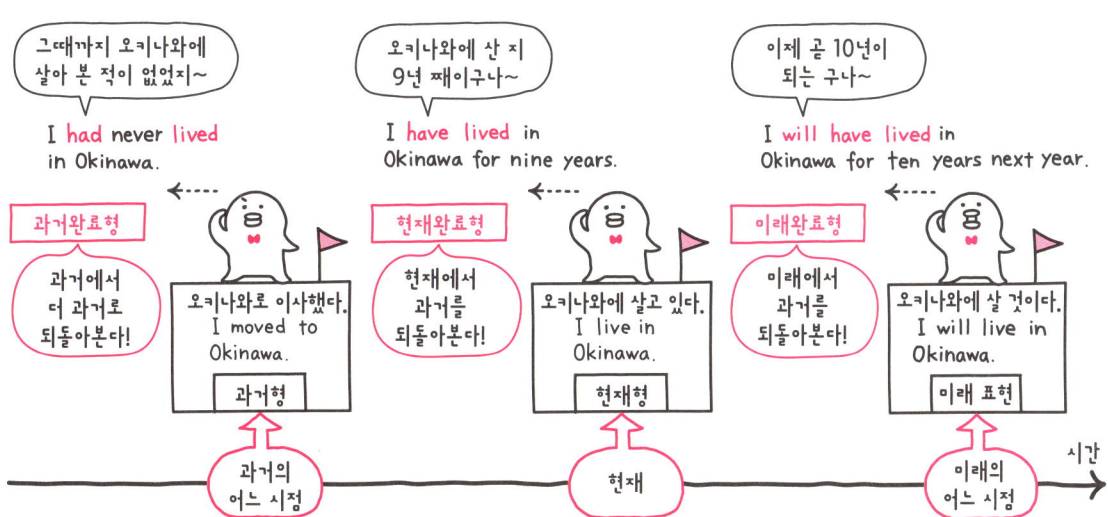

완료형은 완료, 결과, 계속, 경험의 의미를 나타냅니다. 이러한 의미의 차이를 분명히 하기 위해 실제 문장에서는 since, yet 등의 부가적인 표현을 덧붙입니다.

용법	의미	함께 사용되는 표현
완료	(이미) ~해 버렸다 (방금) ~한 상태이다 (아직) ~하지 않았다	**already**(이미) **just**(방금) **yet**(아직)
결과	~해 버렸다 (지금도 그대로 ~한 상태이다)	
계속	(계속) ~해 오고 있다, (계속) ~하고 있다	**for**(~동안) **since**(~이래로)
경험	~한 적이 있다 ~번 해 본 적이 있다	**ever**(지금까지, 과거) **never**(한 번도 ~없다) **before**(전에) **once**(한 번) **~times**(~번)

완료형의 의미

완료·결과   계속   경험

[완료] **I have already finished my homework.**　나는 이미 나의 숙제를 끝냈다.

누가	하다(이다)	누구·무엇	어디	언제
나는 **I**	이미 끝냈다 **have already finished**	나의 숙제를 **my homework.**		

> 완료의 의미일 때는 already(이미), just(방금), yet(아직) 등과 자주 사용된다.

[결과] **I have lost my wallet.**　나는 나의 지갑을 잃어버렸다. (지금도 잃어버려서 못 찾은 상태)

누가	하다(이다)	누구·무엇	어디	언제
나는 **I**	잃어버렸다 **have lost**	나의 지갑을 **my wallet.**		

> 함께 사용되는 표현이 없는 것도 있다!

[계속] **I have lived in Kyoto for twenty years.**　나는 20년간 (계속) 교토에 살고 있다.

누가	하다(이다)	누구·무엇	어디	언제
나는 **I**	살고 있다 **have lived**		교토에 **in Kyoto**	20년간 **for twenty years.**

> 계속의 의미일 때는 for(~동안), since(~이래로)와 자주 사용된다.

[경험] **I have read this book three times.** 나는 이 책을 세 번 읽었다.

누가	하다(이다)	누구·무엇	어디	언제
나는 **I**	읽었다 **have read**	이 책을 **this book**		세 번 **three times.**

> 경험의 의미일 때는 ever(지금까지, 과거), never(한 번도 ~없다), ~times(~번) 등과 자주 사용된다.

MEMO

과거를 나타내는 표현과 함께 사용되지 않는다!

현재완료는 현재 시점에 초점을 두므로 ago(~전에), yesterday(어제), 과거의 사건을 묻는 when(언제) 등과 같은 명확한 과거 시점을 나타내는 표현과는 함께 사용될 수 없습니다.

- Jim has called me three days ago. (×)
  → Jim called me three days ago. (○)

- When have you come to Korea? (×)
  → When did you come to Korea? (○)

그렇군!

잘못 이해하기 쉬운 과거형과 현재완료형에 대해 복습해 보겠습니다. 다음 두 문장은 모두 '그는 지갑을 잃어버렸다.'
라는 뜻이지만, 첫 번째 문장은 과거형, 두 번째 문장은 현재완료형입니다. 두 문장의 차이점은 다음과 같습니다.

- He lost his wallet.
- He has lost his wallet.

첫 번째 문장 뒤에 ten days ago(10일 전)를 붙이면 다음과 같습니다.

He lost his wallet ten days ago. 그는 10일 전에 그의 지갑을 잃어버렸다.

이 문장에서는 10일 전에 지갑을 잃어버렸다는 과거 사실만 알 수 있을 뿐 이후 지갑을 찾았는지 현재 상황에 대해서
는 전혀 알 수 없습니다.

두 번째 문장은 현재완료형이므로 현재 상황(= 지금도 잃어버려서 못 찾은 상태)이 포함됩니다.

He has lost his wallet. 그는 그의 지갑을 잃어버렸다.

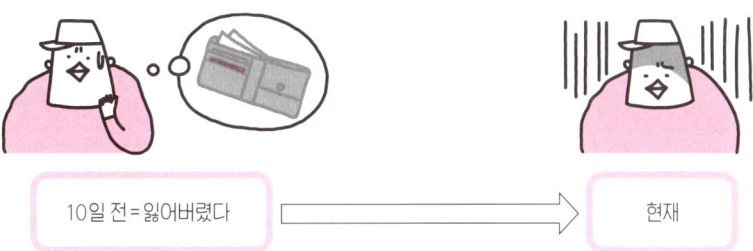

수동태

시점에서 바뀌는 '하다', '되다'

수동태는 '(주어가) ~되다/~받다'라는 수동적인 문장입니다. '(주어가) ~하다'의 문장은 능동태입니다. 예를 들어 '개가 톰을 뒤쫓았다'는 능동태, '톰은 개에게 뒤쫓겼다'는 수동태 문장입니다. 주어에 따라서 능동태와 수동태가 결정됩니다. 수동태는 「be동사+동사의 과거분사(+by)」 형태로 나타냅니다.

차다   차이다

수동태 위치 설정

수동태와 관계 있는 박스는 **[누가]**, **[하다(이다)]**입니다.

Tom was chased by the dog. 톰은 개에게 뒤쫓겼다.

누가	하다(이다)	누구·무엇	어디	언제
톰은 **Tom**	뒤쫓겼다 **was chased**	개에게 **by the dog.**		

수동태 형태는 「be동사+동사의 과거분사」이다.

※ chase : 뒤쫓다, 추격하다 (chase – chased – chased)

태는 주어[누가]와 동사[하다(이다)]의 관계를 보여줍니다. 능동태는 주어[누가]가 동작을 하는 주체이며, 수동태는 주어[누가]가 동작을 받는 대상입니다. 즉, 능동태 문장의 목적어[누구·무엇]이 수동태 문장의 주어[누가]가 됩니다. 수동태는 '사람이나 사물이 ~되다 / ~받다'라는 뜻으로, 「be동사＋동사의 과거분사(＋by)」 형태로 나타냅니다. 이때 누구 또는 무엇에 의해서 일어난 일인지를 나타낼 때는 주로 by를 씁니다.

[능동태]

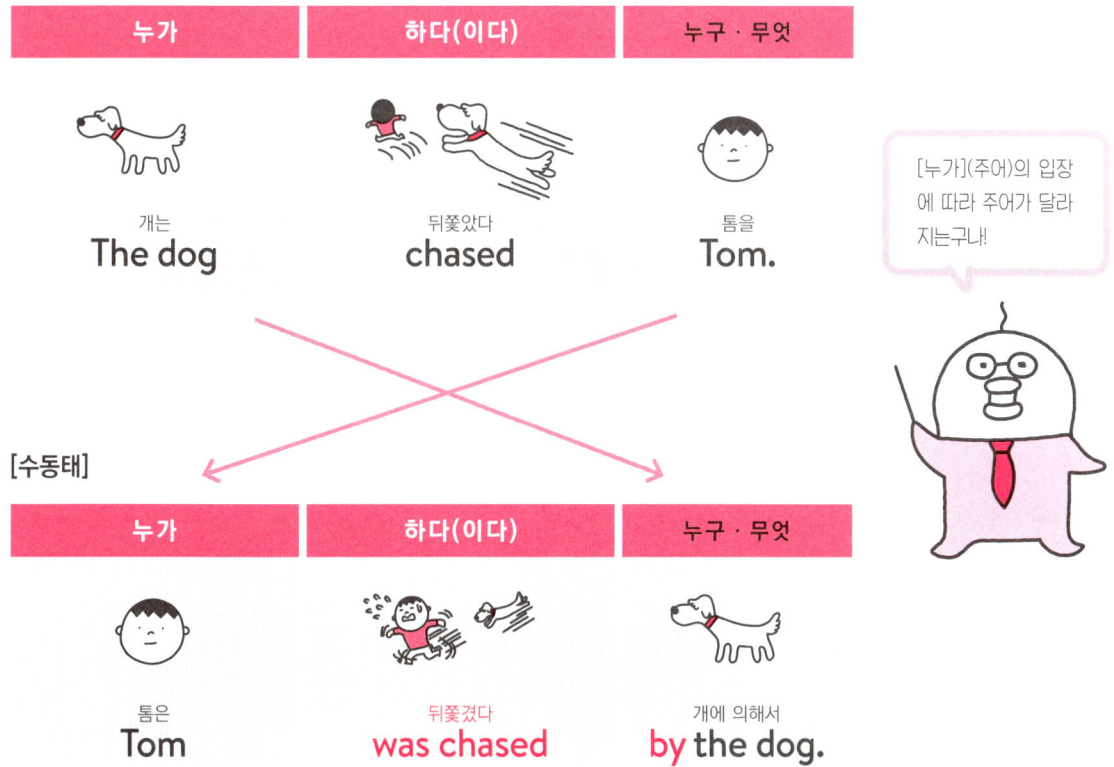

누가	하다(이다)	누구 · 무엇
개는 **The dog**	뒤쫓았다 **chased**	톰을 **Tom.**

> [누가](주어)의 입장에 따라 주어가 달라지는구나!

[수동태]

누가	하다(이다)	누구 · 무엇
톰은 **Tom**	뒤쫓겼다 **was chased**	개에 의해서 **by the dog.**

MEMO

수동태의 의문문을 만드는 방법은 be동사의 의문문을 만드는 방법과 같습니다.
This song is used for a TV commercial.   이 노래는 텔레비전 광고에 사용된다.
→ Is this song used for a TV commercial?   이 노래가 텔레비전 광고에 사용되니?
   Yes, it is./No, it isn't.   응, 그래. / 아니, 그렇지 않아.

영어에서는 누가 했는지 모르거나 굳이 누가라고 말하지 않을 경우 '~되다 / ~받다'라는 수동태가 주로 사용되며 이때 by는 생략됩니다. 수동태는 주로 다음의 3가지 경우에 사용됩니다.

(1) 피해자에게 초점을 맞춤

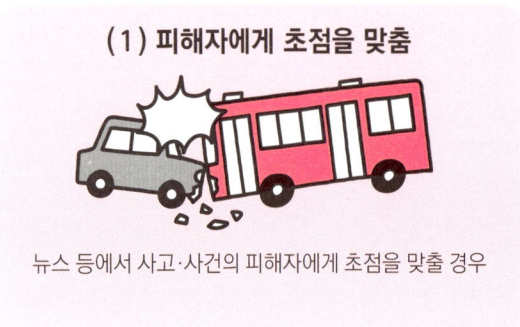

뉴스 등에서 사고·사건의 피해자에게 초점을 맞출 경우

(2) 이야기의 자연스러운 흐름

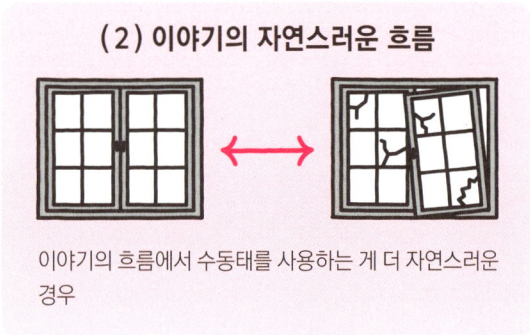

이야기의 흐름에서 수동태를 사용하는 게 더 자연스러운 경우

(3) 누가 했는지 불분명함

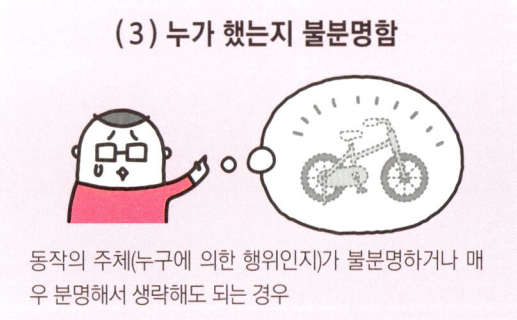

동작의 주체(누구에 의한 행위인지)가 불분명하거나 매우 분명해서 생략해도 되는 경우

(1) More than 20 people were killed in that accident.

20명이 넘는 사람들이 그 사고로 사망했다.

※ 사고 피해자에 초점을 맞추고 있습니다.

(2) Look at the window. It was broken by Jin this morning.

창문을 봐라. 그것은 오늘 아침 진에 의해 깨졌다.

※ 바로 앞 문장이 창문에 관한 것이므로 이야기의 흐름상 창문에 초점을 맞추고 있습니다.

(3) My bicycle was stolen yesterday.

어제 나의 자전거가 도난당했다.

※ 누구에게 도둑맞았는지 모르기 때문에 수동태가 사용되었습니다.

주로 surprise(~를 놀라게 하다), interest(~에 흥미를 갖게 하다), please(~을 기쁘게 하다), disappoint(~을 실망시키다), excite(~을 흥분시키다) 등의 감정과 관련된 동사는 수동태의 형태가 됩니다.

He **is interested in** camping. 그는 캠핑에 흥미가 있다.

누가	하다(이다)	누구 · 무엇	어디	언제
그는 He	~에 흥미가 있다 is interested in	캠핑 camping.		

> 동사 interest(~에 흥미를 갖게 하다)가 수동태가 되어 '~에 흥미를 갖게 되다 = ~에 흥미가 있다'는 뜻이 된다.
> 「be동사 + 과거분사 + 전치사」는 군동사이므로 [하다(이다)]에 들어간다.

I **was surprised at** the news. 나는 그 뉴스에 놀랐다.

누가	하다(이다)	누구 · 무엇	어디	언제
나는 I	~에 놀랐다 was surprised at	그 뉴스 the news.		

능동태와 수동태의 시제를 정리해 봅시다.

(1) 능동태와 수동태의 기본시제 : 「be동사 + 동사의 과거분사」

기본 시제	능동태	수동태
현재형	The dog chases Tom.	Tom is chased by the dog.
과거형	The dog chased Tom.	Tom was chased by the dog.
미래형	The dog will chase Tom.	Tom will be chased by the dog.

(2) 능동태와 수동태의 진행형 : 「be동사 + being + 동사의 과거분사」

진행형	능동태	수동태
현재진행형	The dog is chasing Tom.	Tom is being chased by the dog.
과거진행형	The dog was chasing Tom.	Tom was being chased by the dog.
미래진행형	The dog will be chasing Tom.	Tom will be being chased by the dog.

Your pizza is being delivered now. 너의 피자는 지금 배달되고 있다.

누가	하다(이다)	누구·무엇	어디	언제
너의 피자는 Your pizza	배달되고 있다 is being delivered			지금 now.

(3) 능동태와 수동태의 완료형 : 「have(has)/had + been + 동사의 과거분사」

완료형	능동태	수동태
현재완료형	The dog **has** chase**d** Tom.	Tom **has been** chase**d** by the dog.
과거완료형	The dog **had** chase**d** Tom.	Tom **had been** chase**d** by the dog.
미래완료형	The dog **will have** chase**d** Tom.	Tom **will have been** chase**d** by the dog.

That file **has been removed** from the computer.

그 파일은 컴퓨터에서 삭제되어 버렸다. (지금도 삭제된 상태)

누가	하다(이다)	누구·무엇	어디	언제
그 파일은 **That file**	삭제되어 버렸다 **has been removed**		컴퓨터에서 **from the computer.**	

능동태를 수동태로 바꿔 사용하자 --

종속절이 있는 문장의 능동태를 수동태로 바꿔 사용하는 것을 확인해 봅시다.

[능동태] **They say that he is a genius.** 사람들은 그가 천재라고 말한다.

↓

[수동태] **It is said that he is a genius.** 그는 천재라고들 한다.

They say that ~.에서 They는 '그들은'이라고 특정 사람들을 나타내는 것이 아닌 '일반 사람들은'을 나타냅니다. 수동태로 바꾸면 It is said that ~.(~라고들 한다)의 형태가 됩니다.

부정사

to를 사용하는 3가지 용법

"주어는 누구인가?", "1명인가 2명 이상인가?", "시제는 무엇인가?" 등의 영향을 받지 않고(그래서 '부정'이라고 함) 「to + 동사의 원형」으로 나타내는 것이 to부정사입니다. to부정사에는 (1) '~하는 것'(명사적 용법), (2) '~할, ~하는'(형용사적 용법), (3) '~하기 위해', '그래서 ~하다'(부사적 용법) 3가지 용법이 있습니다. 또한 to 없이 동사의 원형 형태로 사용되는 부정사를 '원형부정사'라고 합니다.

부정사 위치 설정

부정사와 관계 있는 박스는 [누가], [누구·무엇], [왜](부사적 용법에만 해당)입니다.

(1) 명사적 용법 : ~하는 것, ~하기

My dream is to be an astronaut. 나의 꿈은 우주 비행사가 되는 것이다.

누가	하다(이다)	누구·무엇	어디	언제
나의 꿈은 My dream	이다 is	우주 비행사가 되는 것 to be an astronaut.		

(2) 형용사적 용법 : ~하는, ~할

She has something to eat. 그녀는 음식을 가지고 있다. (먹을 무언가 → 음식)

(3) 부사적 용법 : ~하기 위해서, ~하려고

I went to Busan to see my aunt. 나는 나의 숙모를 만나기 위해서 부산에 갔다.

명사적 용법은 예를 들어 '스페인어를 공부하다'라는 동작을 to부정사로 뭉쳐서 '스페인어를 공부하는 것'이라는 명사로 다루는 것입니다. '~하는 것, ~하기'라는 뜻으로 명사 역할을 합니다.

I like to study Spanish. 나는 스페인어를 공부하는 것을 좋아한다.

누가	하다(이다)	누구 · 무엇	어디	언제
나는 I	좋아한다 like	스페인어를 공부하는 것을 to study Spanish.		

형용사 역할을 하는 to부정사(형용사적 용법) -

to부정사는 형용사처럼 명사와 대명사를 수식하는 역할을 합니다. 이때 to부정사는 명사와 대명사의 뒤에서 수식하며 '~하는, ~할'이라는 뜻입니다.

I have a lot of books to read. 나는 읽어야 할 책이 많이 있다.

누가	하다(이다)	누구 · 무엇	어디	언제
나는 I	가지고 있다 have	읽어야 할 많은 책을 a lot of books to read.		

명사를 수식

부사는 She swims well.(그녀는 수영을 잘한다.)의 well처럼 동사 swims를 수식하거나 very cute의 very처럼 형용사 cute를 수식합니다. to부정사는 부사처럼 동사, 형용사 등을 수식하는 역할을 하며, '~하기 위해', '그래서 ~하다', '~해서'라는 뜻입니다. 이때 to부정사는 오른쪽 끝으로 이동한 [문법박스]의 [왜]에 들어갑니다.

I am happy to see you. 나는 너를 만나서 기뻐.

누가	하다(이다)	누구·무엇	어디	언제	문법박스 왜
나는 I	~이다 am	기쁜 happy			너를 만나서 to see you.

형용사 happy를 수식! '~해서'라고 감정의 원인을 나타낸다.

부정사를 사용한 대표적인 표현을 소개해 드리겠습니다.

(1) 「의문사 + to부정사」

의문사 + to부정사	의미	의문사 + to부정사	의미
what to 동사의 원형	무엇을 ~(해야) 할지	when to 동사의 원형	언제 ~(해야) 할지
who(m) to 동사의 원형	누구를/누구에게/ 누구와 ~(해야) 할지	how to 동사의 원형	어떻게 ~(해야) 할지, ~하는 방법
where to 동사의 원형	어디에서/어디를 ~(해야) 할지		

Please tell me what to do. 내가 무엇을 해야 하는지 말해 주세요.

누가	하다(이다)	누구·무엇		어디	언제
(생략)	말해 주세요 Please tell	나에게 me	무엇을 해야 하는지 what to do.		

(2) It ~ to부정사 ~.

to부정사는 '~하는 것, ~하기'라는 뜻으로, 주어로 사용될 수 있습니다. 그러나 일반적으로 주어가 길어지는 것을 피하기 위해 대부분 it을 주어 자리인 [누가]에 두고 진짜 주어(진주어) to부정사를 문장 뒤로 보냅니다. 이때 it을 가주어 또는 형식주어라고 하는데 '그것'이라는 뜻이 아닌 것에 주의합니다.

To learn three languages at the same time is difficult.

⇒ It is difficult to learn three languages at the same time.

동시에 3개 국어를 학습하는 것은 어렵다.

위의 문장을 의미순 박스에 적용하면 다음과 같습니다.

누가	하다(이다)	누구 · 무엇	어디	언제
동시에 3개 국어를 학습하는 것은 To learn three languages at the same time	~이다 is	어려운 difficult.		

위와 같이 말하면 처음부터 전달하는 정보가 많아 듣는 사람이 '무엇이 어려운가'를 알기 어려우므로 [무엇(이)] 부분을 가주어 It으로 대신하여 [누가]에 두고 진주어 to부정사구를 뒤로 보냅니다. 이때 to부정사구는 진주어이므로 2단으로 만든 의미순서 박스의 [누가]에 들어갑니다.

누가	하다(이다)	누구 · 무엇	어디	언제
(to 이하를 나타낸다) It ↓	~이다 is	어려운 difficult		

동시에 3개 국어를 학습하는 것은
to learn three languages at the same time.

(3) 동사 + 사람 + to부정사

want(바라다), tell(말하다), ask(요청하다), get(시키다, 만들다) allow(허락하다), help(돕다) 등의 동사 뒤에 사람과 to부정사가 이어지면 '사람이 ~하도록 하다, ~해 달라고 하다'라는 의미의 표현이 됩니다.

I want her to meet my parents. 나는 그녀가 나의 부모님을 만나기를 바란다.

누가	하다(이다)	누구 · 무엇		어디	언제
나는 **I**	바라다 **want**	그녀에게 **her**	나의 부모님을 만나기를 **to meet my parents.**		

"나는 그녀가 나의 부모님을 만나지 않기를 바란다."는 to 앞에 not을 넣어 I want her not to meet my parents. 로 나타냅니다.

(4) 지각동사 + 사람 + 원형부정사(동사의 원형)

see(보다), hear(듣다), feel(느끼다), notice(알아차리다) 등의 지각동사 뒤에 사람과 원형부정사가 이어지면 '사람이 ~하는 것을 보다/듣다/느끼다/알아차리다'라는 뜻이 됩니다. 사람 대신 동물이나 사물이 올 수 있습니다. to부정사가 아닌 동사의 원형인 원형부정사가 들어가는 것에 주의합니다.

※ 원형부정사는 to부정사에서 to가 생략된 형태, 즉 동사의 원형 형태 그대로 사용되는 부정사입니다.

I saw her enter the house. 나는 그녀가 그 집에 들어가는 것을 보았다.

누가	하다(이다)	누구 · 무엇		어디	언제
나는 **I**	보았다 **saw**	그녀가 **her**	그 집에 들어가는 것을 **enter the house.**		

> I saw a cat enter the house.처럼 her 대신 a cat(동물)이 들어갈 수 있다.

(5) 사역동사 + 사람 + 원형부정사(동사의 원형)

사역동사는 다른 사람에게 어떤 행위나 동작을 '시키는' 동사로, make, have, let 등이 있습니다. 사역동사 뒤에 사람과 원형부정사가 이어지면 '사람에게 ~시키다'라는 뜻이 됩니다. make, have, let은 같은 뜻을 가지고 있어도 뉘앙스의 차이가 있습니다.

They made him tell the truth. 그들은 그에게 진실을 말하게 했다.

누가	하다(이다)	누구 · 무엇		어디	언제
그들은 They	만든다 made	그에게 him	진실을 말하게 tell the truth.		

make는 강제로
시키는 이미지!

I will have my staff member contact you.

저는 저의 직원이 당신에게 연락하도록 하겠습니다.

누가	하다(이다)	누구 · 무엇		어디	언제
저는 I	시킬 것이다 will have	저의 직원에게 my staff member	당신에게 연락하는 것을 contact you.		

have는 지시 받는 이미지!

부하 직원에게
연락하도록 하겠습니다.

Let me help you. 제가 당신을 돕게 해 주세요.

누가	하다(이다)	누구 · 무엇		어디	언제
(생략)	허락해 주세요 Let	저에게 me	당신을 돕는 것을 help you.		

let은 허락하는 이미지!

동명사

동사가 명사로 변신하다!

동명사는 동사 뒤에 -ing를 붙인 형태로, 문장 안에서 명사 역할을 하는 말입니다. 예를 들어 swim을 swimming으로 하면, '수영하다(동사)'를 '수영(명사)'으로 바꿀 수 있고, to부정사와 마찬가지로 '수영하는 것(동명사)'으로 나타낼 수 있습니다. 여기서는 to부정사와 동명사의 용법 차이에 대해 소개하겠습니다.

명사로 변신

얍얍

동명사 위치 설정

동명사와 관계 있는 박스는 **[누가]**, **[누구 · 무엇]**입니다.

Seeing is believing. 보는 것이 믿는 것이다.

누가	하다(이다)	누구 · 무엇	어디	언제
보는 것이 **Seeing**	~이다 **is**	믿는 것 **believing.**		

동명사는 '동사의 -ing' 형태로, '~하는 것, ~하기'라는 뜻의 명사 역할을 한다.
주어[누가]와 목적어[누구·무엇]에 들어간다.

- -

동명사는 to부정사(명사적 용법)처럼 '~하는 것을'이라는 뜻으로, 문장에서 목적어로 사용될 수 있습니다. 이때 바로 앞에 오는 동사에 따라 동명사와 to부정사를 둘 다 목적어로 가질 수도 있고, 하나만 가질 수도 있습니다.

> 앞에 오는 동사의 의미에 따라 목적어에 들어갈 형태가 결정된다!

(1) 동명사를 목적어로 가지는 동사

enjoy(즐기다), avoid(피하다), mind(싫어하다), give up(포기하다), finish(끝내다), quit(그만두다) 등이 있습니다.

I enjoyed talking to them. 나는 그들과 이야기하는 것을 즐겼다.

누가	하다(이다)	누구 · 무엇	어디	언제
나는 I	즐겼다 enjoyed	그들과 이야기하는 것을 talking to them.		

(2) to부정사를 목적어로 가지는 동사

decide(결정하다), want(원하다), expect(기대하다), hope(희망하다), promise(약속하다) 등이 있습니다.

I decided to stop drinking coffee. 나는 커피 마시는 것을 그만두기로 결심했다.

누가	하다(이다)	누구 · 무엇	어디	언제
나는 I	결심했다 decided	커피 마시는 것을 그만두기로 to stop drinking coffee.		

MEMO

to부정사의 명사적 용법과 동명사는 둘 다 '~하는 것, ~하기'라는 뜻입니다. to부정사의 to는 본래 방향성(~로, ~까지)을 나타내는 전치사이므로 '앞으로 하겠다'는 미래의 의미를 나타내는 한편, 동명사는 '지금까지 하고 있다', '지금도 하고 있다'는 이미 일어난 일이나 진행 중인 일을 주로 나타냅니다.

(3) 동명사와 to부정사 둘 다 목적어로 가지는 동사

like(좋아하다), love(사랑하다), start(시작하다), begin(시작하다), hate(싫어하다) 등이 있습니다.

She likes playing soccer. = She likes to play soccer.

그녀는 축구하는 것을 좋아한다.

누가	하다(이다)	누구 · 무엇	어디	언제
그녀는 She	좋아한다 likes	축구하는 것을 playing soccer. - - - - - - - - - - - - - - - to play soccer.		

(4) 동명사와 to부정사가 목적어로 올 때 그 뜻이 달라지는 동사

① remember

• remember -ing : ~했던 것을 기억하다

I remember locking the door. 나는 문을 잠갔던 것을 기억한다.

누가	하다(이다)	누구 · 무엇	어디	언제
나는 I	기억한다 remember	문을 잠갔던 것을 locking the door.		

• remember to ~ : ~할 것을 기억하다, ~해야 함을 기억하다

I will remember to lock the door. 나는 문을 잠그는 것을 기억할 것이다.

누가	하다(이다)	누구 · 무엇	어디	언제
나는 I	기억할 것이다 will remember	문을 잠그는 것을 to lock the door.		

② forget

• forget -ing : ~했던 것을 잊다

I will never forget watching that movie with you.

나는 너와 함께 그 영화를 본 것을 결코 잊지 않을 것이다.

누가	하다(이다)	누구 · 무엇
나는 I	결코 잊지 않을 것이다 will never forget	너와 함께 그 영화를 본 것을 watching that movie with you.

• forget to ~ : ~할 것을 잊다, ~해야 함을 잊다

Don't forget to lock the door. 문을 잠그는 것을 잊지 마라.

누가	하다(이다)	누구 · 무엇
	잊지 마라 Don't forget	문을 잠그는 것을 to lock the door.

그 밖에도 try(-ing : 시험 삼아 ~해 보다, to ~ : ~하려고 노력하다), regret(-ing : ~했던 것을 후회하다, to ~ : ~하게 되어 유감이다), stop(-ing : ~하는 것을 멈추다, to ~ : ~하기 위해 멈추다) 등이 있습니다.

동명사를 사용한 관용 표현 -

여러 가지 동사 형태 중에서 반드시 동명사를 사용해야 하는 관용 표현을 소개해 드리겠습니다.

be used / accustomed to -ing	~하는 데 익숙하다
can't help -ing	~하지 않을 수 없다, ~할 수밖에 없다
feel like -ing	~하고 싶다, ~한 느낌이다
look forward to -ing	~하는 것을 기대하다
be worth -ing	~할 가치가 있다, ~할 만하다

(예) I can't help laughing. 나는 웃을 수밖에 없다.

분사

현재분사와 과거분사

분사는 동사 뒤에 -ing, -ed가 붙은 형태이며, 현재분사(동사의 -ing)와 과거분사(동사의 -ed) 두 종류가 있습니다. 분사는 진행형, 수동태, 완료형을 만들 때 사용됩니다. 여기서는 형용사처럼 명사를 수식하는 용법(한정적 용법)과 보어로 주어나 목적어를 보충 설명하는 용법(서술적 용법)에 대해 소개하겠습니다.

춤추고 있는 사람

퍽!

부서진 문

분사 위치 설정

분사와 관계 있는 박스는 **[누가]**, **[누구 · 무엇]**입니다.

The sleeping baby is my nephew. 그 잠자고 있는 아기는 나의 조카이다.

누가	하다(이다)	누구 · 무엇	어디	언제
그 잠자고 있는 아기 The sleeping baby	~이다 is	나의 조카 my nephew.		

I had a boiled egg. 나는 삶은 달걀을 먹었다.

누가	하다(이다)	누구 · 무엇	어디	언제
나는 I	먹었다 had	삶은 달걀을 a boiled egg.		

분사에는 '~하는, ~하고 있는'이라는 뜻의 현재분사(동사의 -ing)와 '~된, ~해진'이라는 뜻의 과거분사(동사의 -ed)가 있다.

분사는 동사의 형태를 바꾸어 형용사처럼 사용할 수 있게 만든 것으로, 진행형, 수동태, 완료형 등에서 사용되는 것 외에도 다른 중요한 역할을 합니다.

분사가 사용되는 경우

① 진행형
② 수동태
③ 완료형
④ 명사 수식
⑤ 주어·목적어를 보충 설명

(1) 명사 수식(한정적 용법)

다음 예문과 같이 분사는 형용사 역할을 하여 명사를 수식합니다. 이때 주로 명사 앞에 위치합니다.

The well-known actor poured some boiling water into the cup.

그 유명한 배우가 끓는 물을 컵에 부었다.

누가	하다(이다)	누구 · 무엇	어디	언제
그 유명한 배우 The well-known actor	부었다 poured	끓는 물을 some boiling water	컵에 into the cup.	

유명한＝잘 알려진

뜨거운 물＝끓고 있는 물

하지만 다음과 같이 분사가 목적어, 보어를 동반하거나 전치사(구), 부사(구) 등 다른 어구의 수식을 받아 길이가 길어지면 명사 뒤에 위치합니다.

The girl singing an English song has a smart phone made in Korea.
영어 노래를 부르고 있는 여자아이는 한국에서 만든 휴대 전화를 가지고 있다.

누가	하다(이다)	누구 · 무엇
영어 노래를 부르고 있는 여자아이는 The girl singing an English song	가지고 있다 has	한국에서 만든 휴대 전화를 a smart phone made in Korea.

(2) 주어 · 목적어의 보어(서술적 용법)

분사는 주어 · 목적어를 보충 설명하는 보어로 사용될 수 있습니다.

The door remained unlocked. 그 문은 열쇠가 열린 채 있었다.

누가	하다(이다)	누구 · 무엇
그 문은 The door	~있었다 remained	열쇠가 열린 채 unlocked.
주어	=	과거분사

2형식 문장 형태!

I had my bag stolen. 나는 내 가방을 도둑맞았다.

누가	하다(이다)	누구 · 무엇	
나는 I	~된 상태로 만든다 had	나의 가방이 my bag	도둑맞았다 stolen.
		목적어	과거분사

5형식 문장 형태!

분사구문은 분사가 이끄는 어구가 문장 전체를 수식하는 부사 역할을 하는 것으로, 수식하는 문장의 시간, 이유, 조건 등을 설명합니다. 접속사를 사용해서 나타내는 것보다 문장이 간결합니다.

When we arrived in London, we saw a lot of old buildings.

우리가 런던에 도착했을 때 많은 오래된 건물들을 보았다.

문법박스	누가	하다(이다)	누구·무엇	어디	언제
~때 When	우리가 we	도착했다 arrived		런던에 in London,	
	우리는 we	보았다 saw	많은 오래된 건물들을 a lot of old buildings.		

분사구문으로 바꾸면 다음과 같습니다.

Arriving in London, we saw a lot of buildings.

런던에 도착했을 때, 우리는 많은 오래된 건물들을 보았다.

문법박스	누가	하다(이다)	누구·무엇	어디	언제
		도착했을 때 Arriving		런던에 in London,	
	우리는 we	보았다 saw	많은 오래된 건물들을 a lot of old buildings.		

'접속사 + 주어'가 생략되어 문장이 짧아진다. 부사절(접속사가 있는 문장)의 주어와 주절(접속사가 없는 문장)의 주어가 같으면 부사절의 주어와 접속사를 생략한 다음 부사절의 동사의 원형에 -ing를 붙인다.

분사구문을 사용한 관용 표현

- generally speaking : 대체로, 일반적으로 말해서

Generally speaking, they are hard workers. 대체로 그들은 열심히 일한다.

- judging from ~ : ~로 판단하건대

Judging from his accent, he must be from Busan.

그의 말투로 판단하건대 그는 부산 출신임에 틀림없다.

비교

비슷한 것인가, 좀 더 나은 것인가, 최고인가?

"너는 동생만큼 키가 크다," "너는 나보다 일찍 일어난다," "이 멜론이 가장 크다" 등 사람과 사람, 사물과 사물 등을 비교할 때 사용하는 표현입니다. 비교 표현에는 원급, 비교급, 최상급이 있습니다. 비교 문장을 만들 때는 '높은', '빨리'와 같은 형용사, 부사를 변화시켜서 표현합니다.

비교 위치 설정 -

비교와 관계 있는 박스는 **[문법박스]**, **[누구 · 무엇]**입니다.

(1) 원급(as + 원급 + as) : ~만큼 ⋯한, ~만큼 ⋯하게
Jim is as tall as Tim. 짐은 팀만큼 키가 크다.

문법박스	누가	하다(이다)	누구 · 무엇	어디	언제
	짐은 **Jim**	~이다 **is**	비슷하게 키가 큰 **as tall**		
~와 (비교) **as**	팀 **Tim.**	(is)	(tall)		

(2) 비교급(-er than) : ~보다 더 ⋯한, ~보다 더 ⋯하게
David is taller than Tim. 데이비드는 팀보다 키가 더 크다.

문법박스	누가	하다(이다)	누구 · 무엇	어디	언제
	데이비드는 **David**	~이다 **is**	키가 더 큰 **taller**		
~보다 **than**	팀 **Tim.**				

(3) 최상급(-est) : 가장 ~한

David is the tallest of the three. 데이비드는 세 명 중에서 키가 가장 크다.

문법박스	누가	하다(이다)	누구·무엇	어디	언제
	데이비드는 David	~이다 is	가장 키가 큰 the tallest	세 명 중에 of the three.	

비교 표현에는 세 가지 형태가 있다 -

비교 표현에는 (1) 원급, (2) 비교급, (3) 최상급이 있습니다.

(1) as + 원급 + as : ~만큼 …한, ~만큼 …하게

동등한 두 개의 대상을 비교할 때 사용합니다.

E-books are as good as paper books. 전자책은 종이책만큼이나 좋다.

문법박스	누가	하다(이다)	누구·무엇
	전자책은 E-books	~이다 are	비슷하게 좋은 as good
~와 (비교) as	종이책 paper books.	(are)	(good).

> 의미순 박스를 2단으로 생각하자! as~as 안에는 형용사나 부사가 들어간다. 두번째 as(~와 비교해서)는 접속사이므로 [문법박스]에 들어간다. 2단 are good은 1단과 중복되므로 생략된다. (영어는 기본적으로 같은 말의 반복을 싫어하여 종종 생략되는 경향이 있다.)

MEMO

부정형인 「not as(so) ~ as」는 '~만큼 …하지 않은, ~만큼 …하지 않게'라는 뜻이 되므로 주의합니다.
My brother doesn't study as hard as my sister. 나의 형은 나의 여동생만큼 열심히 공부하지 않는다.

(2) 비교급(-er / more ~) + than : ~보다 더 …한, ~보다 더 …하게

두 개의 대상을 서로 비교할 때 사용합니다.

That movie seems more interesting than this one.

저 영화가 이 영화보다 더 재미있을 것 같다.

문법박스	누가	하다(이다)	누구 · 무엇
	저 영화가 **That movie**	~같은 생각이 들다 **seems**	더 재미있는 **more interesting**
~보다 **than**	이 영화 **this one.**		

의미순 박스를 2단으로 만든 다음 접속사 than을 [문법박스]에 넣는다. 비교급은 형용사/부사 끝에 -(e)r을 붙이거나 앞에 more를 사용하여 만든다.

MEMO

의미순으로 생각하면 비교 대상이 무엇인지를 바로 알 수 있습니다. 같은 줄의 위아래 것을 비교합니다.

I love you more than he does. 나는 그보다 너를 더 사랑한다.

문법박스	누가	하다(이다)	누구 · 무엇		언제	어디
	나는 **I**	사랑한다 **love**	너를 **you**	더 **more**		
~보다 **than**	그는 **he**	사랑한다 **does.**				

[누가]의 I와 he가 비교 대상이다. '그는 사랑한다(does는 love의 반복을 피하기 위한 것)'보다 '내가 더 사랑한다'고 하는 것이므로, '나는 너를 사랑하고 있다.'라는 의미이다. 덧붙여서 I love you more than him.에서 him이 [누구·무엇]에 들어가므로 '나는 그보다 너를 더 사랑한다.'가 된다.

(3) the + 최상급(-est / most) + of / in : ~중에서 가장 …한, ~중에서 가장 ~하게

세 개 이상의 대상을 비교하여 가장 우수한 것을 나타낼 때 사용합니다.

Mt. Hallasan is the most beautiful mountain in Korea.

한라산은 한국에서 가장 아름다운 산이다.

누가	하다(이다)	누구 · 무엇	어디	언제
한라산은 Mt. Hallasan	~이다 is	가장 아름다운 산 the most beautiful mountain	한국에서 in Korea.	

형용사의 최상급은 끝에 -est를 붙이고 the를 함께 사용하거나 앞에 the most를 사용하여 만든다.

MEMO

[어디]의 in Korea에서 in 외에 of를 사용하는 경우도 있습니다. 다음과 같이 구분해서 사용합니다.
- in + 장소/집단 : in my class(나의 반에서)
- of + 기간 : of the year(일 년 중에)
- one of the + 최상급 + 복수 명사 : one of the most interesting movies(가장 재미있는 영화 중 하나)

형용사와 부사의 형태 변화

형용사와 부사의 비교급과 최상급을 만드는 방법은 다음과 같습니다.

(1) 규칙 변화

① 형용사, 부사 끝에 -er, -est를 붙여 비교급과 최상급을 만드는 단어(짧은 1음절 단어와 일부 2음절 단어 ※)

원급	비교급 (더 ~한)	최상급 (가장 ~한)
tall	taller	tallest
large	larger	largest
busy	busier	busiest
hot	hotter	hottest

※음절(syllables)은 자음과 모음이 결합해서 소리를 내는 최소한의 단위입니다. 예를 들어 pen은 1음절, American은 4음절
（A · mer · i · can）입니다.

②more, most를 사용하여 비교급과 최상급을 만드는 단어(2음절 단어 일부, 3음절 이상의 단어에 사용되는 형태)

원급	비교급 (더 ~한)	최상급 (가장 ~한)
important	more important	most important
useful	more useful	most useful
slowly	more slowly	most slowly
carefully	more carefully	most carefully

(예) My mother drives more carefully than me. 나의 어머니는 나보다 더 주의 깊게 운전하신다.

(2) 불규칙 변화

원급	비교급 (더 ~한)	최상급 (가장 ~한)
good/well	better	best
bad/ill	worse	worst
many/much	more	most
little	less	least
far	farther/further	farthest/furthest
old	older/elder	oldest/eldest

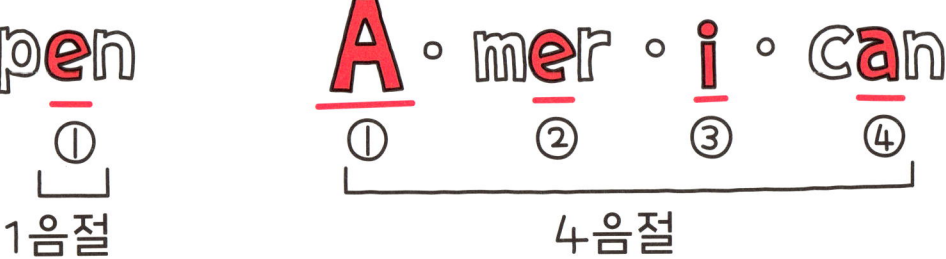

비교를 사용한 중요 표현을 의미순으로 살펴보겠습니다.

- X times as + 원급 + as : ~배 만큼 …한

This house is twice as big as my house.

이 집은 나의 집보다 두 배 만큼 크다.

문법박스	누가	하다(이다)	누구 · 무엇	어디	언제
	이 집은 This house	~이다 is	두 배 만큼 큰 twice as big		
~보다(비교) as	나의 집 my house.				

※ '두 배'는 twice입니다. '세 배'는 three times, '네 배'는 four times입니다.

- 비교급 + and + 비교급 : 점점 더 ~한, 점점 더 ~하게

Global warming is getting worse and worse.

지구 온난화가 점점 심해지고 있다.

누가	하다(이다)	누구 · 무엇	어디	언제
지구 온난화가 Global warming	되고 있다 is getting	점점 더 심하게 worse and worse.		

※ 2음절 이상의 단어는 「more and more + 원급(형용사 / 부사)」형태를 사용합니다.

관계사

그것에 대해서는 나중에 자세히 설명하겠습니다(후치 수식)

관계사는 그 뒤에 이어진 문장(마디)이 관계사 바로 앞의 단어(선행사)를 설명하는 것으로, '사람'과 '사물'을 설명하는 관계대명사, '장소'나 '시간', '이유', '방법'을 설명하는 관계부사, 관계사에 ever가 붙은 복합관계사가 있습니다.

관계사 위치 설정 -

관계사와 관계 있는 박스는 **[문법박스]**, **[누가]**, **[누구 · 무엇]**입니다.

I have a sister who lives in Nagano. 나는 나가노에 살고 있는 여동생이 있다.

누가	하다(이다)	누구 · 무엇	어디	언제
나는 I	가지고 있다 have	여동생 a sister		
(그 여동생은) who = (she)	살고 있다 lives		나가노에 in Nagano.	

관계사는 앞에 나오는 선행사(a sister) 뒤에서 그 선행사를 부연 설명하는 역할을 한다.

다음은 한눈에 알아볼 수 있게 정리한 관계사 맵입니다.

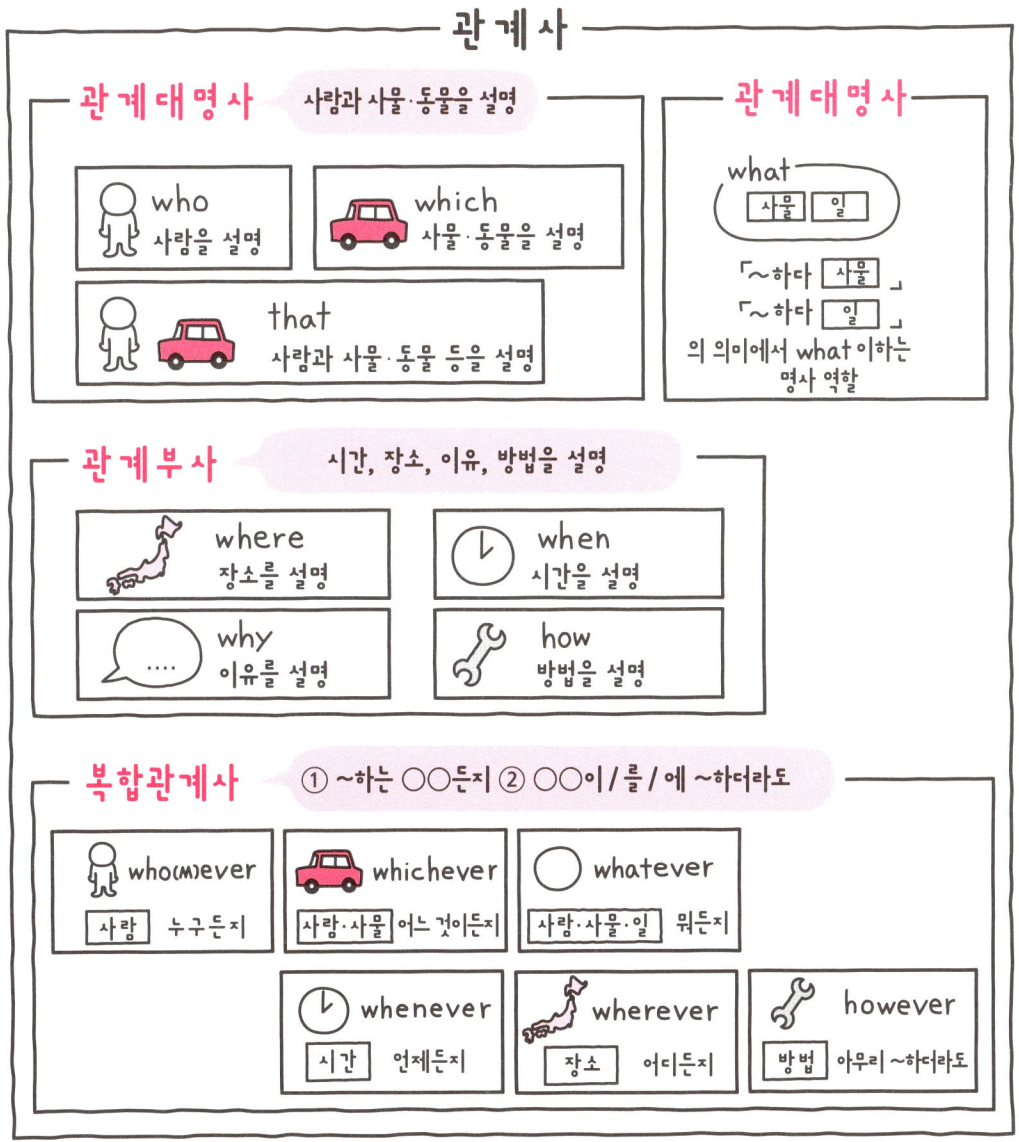

앞서 배운 문장을 살펴보겠습니다. 문장 안의 who는 관계대명사이고, [누구 · 무엇]에 들어 있는 명사를 뒤에서 설명하고 있습니다. 즉, 사람에 대해 부연 설명하는 것입니다.

누가	하다(이다)	누구 · 무엇		어디	언제
나는 **I**	가지고 있다 **have**	여동생 **a sister**	선행사		
관계대명사 **who** (=**she**)	살고 있다 **lives**			나가노에 **in Nagano.**	

who 이하의 문장이 a sister를 설명하고 있다. 이때 a sister를 선행사(관계사의 앞에 오는 말로, 먼저 앞에 있는 말이란 뜻)라고 하고, 수식하는 문장 중의 she(대명사)를 대신하는 who가 관계대명사이다.

관계대명사 -

대명사가 I(주격), my(소유격), me(목적격)로 변화하는 것처럼 관계대명사도 격에 따라 모양이 달라집니다. 선행사가 사람인지, 사물 · 동물인지에 따라 사용할 수 있는 관계대명사가 다릅니다.

선행사	주격	소유격	목적격
사람	who	whose	whom
사물·동물	which	whose/ of which	which
사람·사물·동물	that	–	that

※ 목적격인 whom, which, that은 생략할 수 있습니다.
※ 목적격인 whom은 격식을 차린 표현으로, 일상 대화에서는 who를 많이 사용합니다.

(1) 선행사가 사람일 때 : I have a sister. 나는 여동생이 있다. (어떤 여동생이니?)

① **I have a sister who lives in Nagano.** 나는 나가노에 살고 있는 여동생이 있다.

친구의 여동생의 직업을 설명하는 문장은 다음과 같이 나타냅니다.

② **I have a friend whose sister is a famous pianist.**

나는 (친구의) 여동생이 유명한 피아니스트인 친구가 있다.

누가	하다(이다)	누구 · 무엇	어디	언제
나는 **I**	가지고 있다 **have**	친구를 **a friend**		
(그 친구의 여동생은) **whose sister**	~이다 **is**	유명한 피아니스트 **a famous pianist.**		

상대방(you)이 역에서 만난 여성을 자신이 알고 있는 문장은 다음과 같이 나타냅니다.

③ **I know the lady whom you met at the station.**

나는 네가 역에서 만났던 여성을 알고 있다.

문법박스	누가	하다(이다)	누구 · 무엇	어디	언제
	나는 **I**	알고 있다 **know**	여성을 **the lady**		
(여성을) **who(m) = (her)**	네가 **you**	만났다 **met**	(그녀를) **(←her)**	역에서 **at the station.**	

(2) 선행사가 사물일 때

① I have a car which was made in Germany.

나는 독일에서 만든 자동차를 가지고 있다.

누가	하다(이다)	누구·무엇	어디	언제
나는 I	가지고 있다 have	자동차 a car		
(그 자동차는) which	만들어졌다 was made		독일에서 in Germany.	

② I saw a house whose roof is red. 나는 지붕이 빨간색인 집을 보았다.

누가	하다(이다)	누구·무엇	어디	언제
나는 I	보았다 saw	집 a house		
(그 지붕은) whose roof	~이다 is	빨간색의 red.		

③ This is the bag (which) I bought in Paris. 이것은 내가 파리에서 산 가방이다.

문법박스	누가	하다(이다)	누구·무엇	어디	언제
	이것은 This	~이다 is	가방 the bag		
(그 가방을) (which)	내가 I	샀다 bought		파리에서 in Paris.	

관계대명사 what은 '~하는 것(=the thing(s) which(that))'이라는 뜻입니다. who, which, that과는 달리 이미 선행사(사람·사물)를 포함하고 있으므로 what 앞에는 선행사가 올 수 없습니다.

I don't believe what he said. 나는 그가 말한 것을 믿지 않는다.

문법박스	누가	하다(이다)	누구·무엇	어디	언제
	나는 I	믿지 않는다 don't believe	(선행사 없음)		

문법박스	누가	하다(이다)	누구·무엇	어디	언제
~하는 것 what	그는 he	말했다 said.			

관계부사 — where, when, why, how

관계부사는 선행사가 장소(where), 시간(when), 이유(why), 방법(how)을 나타냅니다. 관계대명사가 대명사 역할을 하여 선행사(사람이나 사물·동물)를 수식하는데 반해 관계부사는 장소(거기서)나 시간(그때), 이유(그런 이유로), 방법(그렇게 해서)에 대해서 설명하는 부사 역할을 합니다.

관계부사	선행사	예
where	장소를 나타내는 말	the place [house, city] where
when	시간을 나타내는 말	the time [day, year] when
why	이유를 나타내는 말	the reason why
how	—	how you learn English

※ where, when, why의 선행사가 각각 the place, the time, the reason일 때는 선행사나 관계부사를 생략할 수 있습니다.
※ how의 선행사가 the way일 때는 선행사와 관계부사 how 중 하나를 반드시 생략해야 합니다.

They stayed at the hotel where my brother works.

그들은 나의 형이 일하는 호텔에 머물렀다.

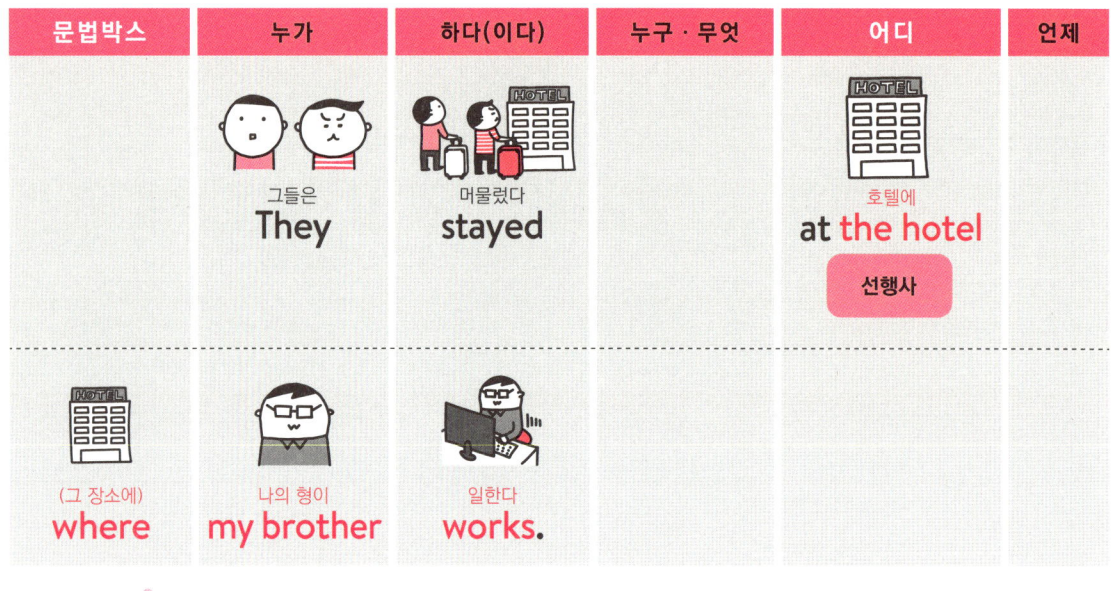

문법박스	누가	하다(이다)	누구·무엇	어디	언제
	그들은 **They**	머물렀다 **stayed**		호텔에 **at the hotel** 선행사	
(그 장소에) **where**	나의 형이 **my brother**	일한다 **works.**			

의미순 박스를 2단으로 만든 다음 where를 [문법박스]에 넣는다. 선행사는 the hotel이고 where 이하가 the hotel을 설명해 준다.

The year 1988 is the year when the 24th Summer Olympic Games were held in Seoul.

1988년은 제24회 여름 올림픽 대회가 서울에서 개최된 해이다.

문법박스	누가	하다(이다)	누구·무엇	어디	언제
	1988년에 **The year 1988**	~이다 **is**	해 **the year**		
(그때) **when**	제24회 여름 올림픽 대회가 **the 24th Summer Olympic Games**	개최되었다 **were held**		서울에서 **in Seoul.**	

This is **the reason why I like this book**. 이것이 내가 이 책을 좋아하는 이유다.

문법박스	누가	하다(이다)	누구 · 무엇	어디	언제
	이것이 This	~이다 is	이유 the reason		
그런 이유로 why	나는 I	좋아한다 like	이 책을 this book.		

This is **how they won the game**. 이것이 그들이 그 경기에서 이긴 방법이다.

문법박스	누가	하다(이다)	누구 · 무엇	어디	언제
	이것이 This	~이다 is			
(~하는 방법) how	그들은 they	이겼다 won	그 경기를 the game.		

복합관계사

복합관계사의 형태는 「관계사＋ever」입니다.

복합관계사	의미
who(m)ever	~하는 누구든지; 누가〔누구를〕~하더라도
whichever	~하는 것은 어느 것이든지; 어느 것이〔것을〕~하더라도
whatever	~하는 것은 무엇이든지; 무엇이〔무엇을〕~하더라도
wherever	~하는 곳은 어디든지; 어디에서 ~하더라도
whenever	~할 때는 언제든지; 언제 ~하더라도
however	~하는 어떤 식으로든; 아무리 ~하더라도

(예) You can invite whoever wants to join us. 우리와 함께하고 싶어하는 누구든지 초대할 수 있다.
(예) Please come and see me whenever you like. 당신이 편할 때 언제라도 저를 보러 오세요.

가정법

만약의 세계를 상상하다

　가정법은 "만약 (지금) 내가 차를 가지고 있다면, 부산까지 드라이브 할 텐데," "만약 (그때) 내가 일찍 일어났더라면, 나는 톰을 만날 수 있었을 텐데."처럼 실제로 일어나지 않은 상황을 가정하거나 '만약 ~한다면, …할 텐데'와 같이 상상이나 소망, 실현되지 못한 아쉬움 등을 나타낼 때 사용합니다.

가정법 위치 설정

가정법과 관계 있는 박스는 **[문법박스]**, **[하다(이다)]**입니다.

If I **were** a bird, I **could fly** in the sky.

만약 (지금) 내가 새라면, 나는 하늘을 날 수 있을 텐데. (= 지금 새가 아니기 때문에 하늘을 날 수 없다.)

문법박스	누가	하다(이다)	누구·무엇	어디	언제
(만약) ~한다면 **If**	내가 **I**	(지금) ~이다 **were**	새 **a bird,**		
	내가 **I**	날 수 있을 텐데 **could fly**		하늘을 **in the sky.**	

> 가정법은 '(만약) ~한다면'이라고 현재에 일어날 것 같지 않은 상황을 가정할 때 사용하는 동사 형식이다.

현재의 사실을 나타낼 때는 현재형을 사용합니다.

그러면 실제로 일어날 것이라고 생각하지는 않지만 한 번쯤 가정하여 말할 때는 어떻게 할까요?

→ 과거형을 사용합니다.

이것이 '만약 지금 ~한다면, …할 텐데'라고 현재 사실의 반대 상황이나 현재 일어날 것 같지 않은 상황을 가정할 때 사용하는 '가정법 과거'입니다.

[가정법 과거] If + 주어 + 과거형, 주어 + would 〔could / should / might〕+ 동사의 원형

현재 사실의 반대 상황을 가정하여 말할 때는 과거형을 사용합니다. (가정법 과거)

그러면 과거 사실의 반대를 가정하여 말할 때는 어떻게 할까요?

→ 과거완료(had + 과거분사)를 사용합니다.

이것이 '만약 그때 ~했다면, …했을 텐데'라고 과거에 일어났던 일의 반대 상황이나 과거에 일어났을 리 없는 상황을 가정할 때 사용하는 '가정법 과거완료'입니다.

[가정법 과거완료] If + 주어 + had + 과거완료, 주어 + would 〔could / should / might〕 have + 과거분사

다음 페이지에서 '현재형', '가정법 과거', '가정법 과거완료'의 차이를 살펴보겠습니다.

[현재형] I can't go to the party because I'm busy.

나는 바쁘기 때문에 회식 하러 갈 수 없다.

[가정법 과거] If I were not busy, I could go to the party.

만약 (지금) 내가 바쁘지 않다면, 회식 하러 갈 수 있을 텐데.

※ if절에 be동사가 올 때는 주어와 상관없이 were를 사용하는 것이 원칙입니다.

[가정법 과거완료] If I had not been busy, I could have gone to the party.

만약 (그때) 내가 바쁘지 않았다면, 회식 하러 갈 수 있었을 텐데.

가정법 과거는 현재 사실의 반대 상황을 가정하며, if절을 과거형으로 나타냅니다.

If+주어+과거형, 주어+would〔could/should/might〕+동사의 원형

If I had enough time, I would visit my aunt.

만약 내가 (지금) 시간이 충분하다면, 나의 숙모를 방문할 것이다. (= 지금 시간이 없어서 숙모를 방문하지 않았다.)

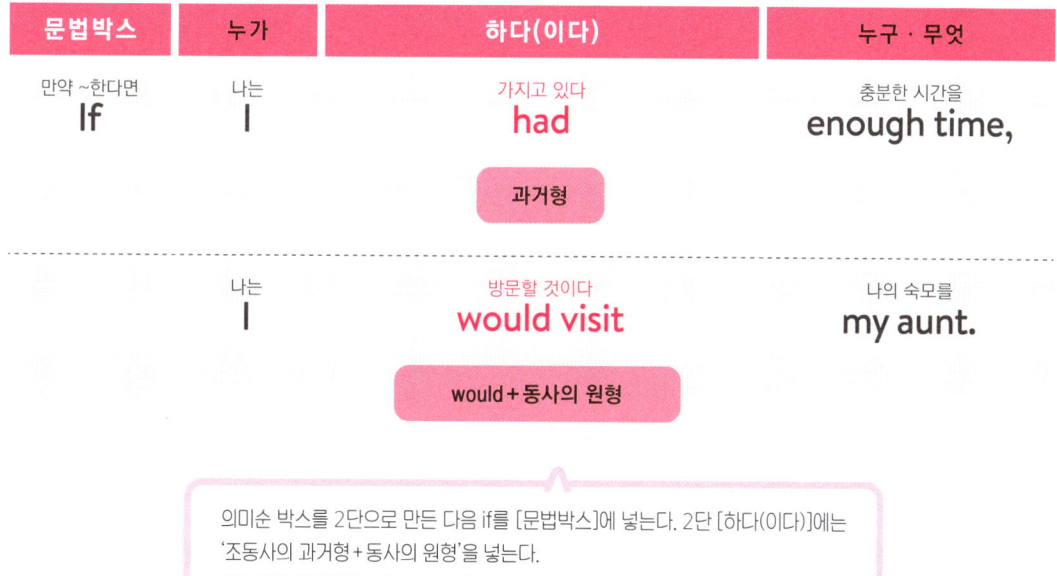

문법박스	누가	하다(이다)	누구·무엇
만약 ~한다면 **If**	나는 **I**	가지고 있다 **had** 과거형	충분한 시간을 **enough time,**
	나는 **I**	방문할 것이다 **would visit** would+동사의 원형	나의 숙모를 **my aunt.**

의미순 박스를 2단으로 만든 다음 if를 [문법박스]에 넣는다. 2단 [하다(이다)]에는
'조동사의 과거형+동사의 원형'을 넣는다.
조동사의 과거형은 will → would, can → could, may → might이다.

가정법 과거완료는 과거에 일어났던 일의 반대 상황이나 과거에 일어났을 리 없는 상황을 가정하여 나타낼 때 사용합니다.

If+주어+had+과거완료, 주어+would(could/should/might) have+과거분사

If I had left earlier, I could have met her.

만약 내가 (그때) 더 일찍 출발했더라면, 나는 그녀를 만날 수 있었을 텐데. (= 내가 늦어서 그녀를 만나지 못했다.)

문법박스	누가	하다(이다)	누구·무엇
만약 ~했다면 **If**	나는 **I**	더 일찍 출발했다 **had left earlier,** had+과거분사	
	나는 **I**	만날 수 있었을 텐데 **could have met** could have+과거분사	그녀를 **her.**

현재 사실의 반대 상황을 가정하여 말할 때는 과거형을 사용한다. 그러면 과거 사실의 반대를 가정하여 말할 때는 어떻게 할까?
→ 과거완료(had+과거분사)를 사용한다.

가정법을 사용한 중요 표현으로 대표적인 것을 몇 가지 소개해 드리겠습니다.

• I wish + 주어 + 과거형 : (지금) ~하면 좋을 텐데

I wish I had a car. 내가 자동차를 가지고 있다면 좋을 텐데. (자동차가 없어서 아쉽다.)

MEMO

I wish를 사용하면 실현 가능성이 낮아지므로 다음과 같은 미래의 소망을 나타낼 때는 I wish 대신 I hope를 사용합니다.
• I hope you pass the exam.   나는 네가 시험에 합격하기를 바란다.
• I hope you get better soon.   나는 네가 곧 나아지기를 바란다.

• I wish + 주어 + 과거완료형 : (그때) ~했다면 좋았을 텐데

I wish you had been there. 네가 거기에 있었더라면 좋았을 텐데.

• as if + 주어 + 과거형 : 마치 ~인 것처럼

He behaves as if he lived here. 그는 마치 여기에 사는 것처럼 행동한다.

• as if + 주어 + 과거완료형 : 마치 ~였던 것처럼

He pretends as if nothing had happened.

그는 마치 아무 일도 없었던 것처럼 가장한다.

화법

'내가 배고프냐' 아니면 '그 사람이 배고파'냐

이상 현장이었습니다.

    화법은 자신의 말(직접)이나 제3자가 본인 대신 전달(간접)하는 것입니다. 톰이 "너는 예쁘다."라고 말하는 것처럼 자신의 말을 직접적으로 전달하는 방법이 직접화법, "톰은 자신이 그때 배가 고팠다고 말했다." 처럼 화자의 시점에서 간접적으로 전달하는 방법이 간접화법입니다.

화법 위치 설정

화법과 관계 있는 박스는 **[문법박스]**, **[누가]**, **[하다(이다)]**, **[어디]**, **[언제]**입니다.

(1) 직접화법 : 다른 사람이 한 말을 큰따옴표(" ")를 사용하여 그대로 전달하는 화법
Tom said, "I am hungry now." 톰은 "나는 지금 배가 고프다."라고 말했다.

문법박스	누가	하다(이다)	누구·무엇	어디	언제
	톰은 Tom	말했다 said,			
	나는 "I	~이다 am	배가 고픈 hungry		지금 now."

(2) 간접화법 : 다른 사람이 한 말을 전달하는 사람의 입장으로 바꾸어서 말하는 화법
Tom said (that) he was hungry then. 톰은 자신이 그때 배가 고팠다고 말했다.

문법박스	누가	하다(이다)	누구 · 무엇	어디	언제
	톰은 Tom	말했다 said			
~라고 (that)	그는 he	~였다 was	배가 고픈 hungry		그때 then.

직접화법과 간접화법

직접화법에서는 화자의 말을 큰따옴표(" ")를 사용해서 그대로 전달하면 되지만 간접화법에서는 인용하는 문장의 ①
주어, ②동사의 시제, ③시간이나 장소 등에 대해서 주의를 기울여야 합니다.

(1) 직접화법 (다른 사람의 말을 큰따옴표(" ")를 통해 전달)
Tom said, "I am hungry now." 톰은 "나는 지금 배가 고프다."라고 말했다.

톰 자신을 말하고 있으므로 큰따옴표
(" ") 안의 주어는 I가 되고 be동사는
am 그대로!

톰은

나는 배가 고파.

라고 말했다.

(2) 간접화법 (다른 사람의 말을 전달하는 사람의 입장으로 바꾸어 말하여 전달)
Tom said (that) he was hungry then. 톰은 자신이 그때 배가 고팠다고 말했다.

that의 문장으로 하면 I가 he가 되고, 주절의
과거형 said에 시제를 맞추어 am이 was가
된다!

톰은 그때 배가
고팠어요!

간접화법에서는 I → he, am → was, now → then으로 바뀌었습니다. (Tom said가 주절, that he was hungry
then이 종속절입니다.) am → was는 톰이 말한 내용이므로 주절인 said(과거형)에 시제를 맞추고 있습니다. 이것을 '시
제 일치'라고 합니다. now → then의 now는 톰의 말하는 시점의 '지금'을 나타냅니다. 톰의 발언 내용은 '그때'에 전해진
것이므로 then으로 바뀌었습니다.

(1) 큰따옴표(" ") 안이 일반 문장(평서문)일 때

직접 화법 She said to me, "I want you to stay here."

그녀는 나에게 "나는 네가 여기 있었으면 좋겠어"라고 말했다.

↓

간접 화법 She told me (that) she wanted me to stay there.

그녀는 내가 거기에 있기를 원한다고 말했다.

바꾸는 방법은 다음 ①~⑥ 단계입니다.

문법박스	누가	하다(이다)	누구·무엇		어디	언제
	그녀는 She	말했다 told	나에게 me			

①전달 동사 say(said) to ⇒ tell(told)
say(said) ⇒ say(said)

| ~라고
(that) | 그녀는
she | 원했다
wanted | 내가
me | 거기에 머무를 것을
to stay there. | | |

② that으로 연결(생략 가능)

③주어에 ⇒ she

④ 시제 일치(주절의 시제와 마찬가지로) want ⇒ wanted

⑤목적어 you ⇒ me

⑥ here(여기)⇒ there(거기에)

(2) 큰따옴표(" ") 안이 명령문일 때

직접 화법 My mother said to me, "Shut the door."

나의 어머니는 나에게 "그 문을 닫아라"라고 말씀하셨다.

↓

간접 화법 My mother told me to shut the door.

나의 어머니는 나에게 그 문을 닫으라고 말씀하셨다.

(3) 큰따옴표(" ") 안이 의문사(What 등)로 시작하는 의문문일 때

직접 화법 Tom said to me, "What do you want?"

톰은 나에게 "너는 무엇을 원하니?"라고 말했다.

간접 화법 Tom asked me what I wanted. 톰은 나에게 무엇을 원하는지 물었다.

문법박스	누가	하다(이다)	누구·무엇
	톰은 Tom	물었다 asked	나에게 me

① 의문문에서는 said to ⇒ asked

	무엇을 what	내가 I	원했다 wanted.

② 「what + 일반 문장(평서문)」 어순으로!

멀 갖고 싶어?

(4) 큰따옴표(" ") 안이 Do 등 의문사가 없는 의문문일 때

직접 화법 Helen said to me, "Do you like natto?"

헬렌은 나에게 "너는 낫토를 좋아하니?"라고 말했다.

간접 화법 Helen asked me if I liked natto.

헬렌은 나에게 낫토를 좋아하냐고 물었다.

문법박스	누가	하다(이다)	누구·무엇
	헬렌은 Helen	물었다 asked	나에게 me
~인지 아닌지 if	나는 I	좋아했다 liked	낫토를 natto.

「if + 일반 문장(평서문)」 어순으로!

무생물 주어 구문

사물이나 사건이 주어가 되다

영어에서는 일반적으로 사람이나 생물이 주어가 되지만 사물이 주어가 되는 때도 있습니다. 이것을 '무생물 주어'라고 합니다. 무생물 주어의 문장에는 여러 유형이 있습니다. 여기서는 '시키다', '가져오다', '나타내다'라는 문장을 소개하겠습니다.

산이 나를 부르고 있다

무생물 주어 구문 위치 설정

무생물 주어 구문과 관계 있는 박스는 [누가], [하다(이다)]입니다.

The show made me laugh.

그 공연이 나를 웃게 했다. ⇒ 그 공연으로 나는 웃었다.

누가	하다(이다)	누구 · 무엇		어디	언제
그 공연이 The show	~하게 했다 made	나를 me	웃다 laugh.		

사물이 주어인 문장이 될 때는 비유적으로 파악해서 [누가]를 [무엇(이)]으로 대체한다.
무생물 주어의 명칭처럼 주어 [누가]와 밀접하게 관련되어 있다.

(1) '시키다' 유형(make, force, cause 등)

• make + 사람 + 원형부정사(동사의 원형) : 사람에게 ~시키다

사역동사 make를 사용한 무생물 주어의 문장입니다. (p.105 사역동사 참고)

The show made me laugh.

(직역) 그 공연이 나를 웃게 했다. ⇒ 그 공연으로 나는 웃었다.

> 무생물이 주어인 문장은 직역하면 [누가]를 [무엇(이)]으로 대체하기만 하면 되는데, 주어 '공연'이 '공연에 의해서'로 파악하면 자연스러운 표현이 된다.

• force / cause + 사람 + to부정사 : 사람에게 (강제적으로 / 무언가가 원인이 되어) ~시키다

※ force : 강요하다, 강제하다, cause : ~시키다

The sudden rain forced me to stay inside the house.

(직역) 갑작스러운 비는 나를 억지로 집 안에 머물게 시켰다.

⇒ 갑작스러운 비 때문에 나는 집 안에 머물러야 했다.

누가	하다(이다)	누구 · 무엇		어디	언제
갑작스러운 비는	억지로 ~시켰다	나에게	집 안에 머물도록		
The sudden rain	**forced**	me	to stay inside the house.		

(2) '가져오다' 유형(bring, take, lead 등)

- bring〔take / lead〕+ 사람(+ 장소) : 사람을 (~에) 데려오다〔데려가다〕

※ bring : ~를 데려오다〔데려가다〕, take / lead : ~를 데려가다

What brought you here?

(직역) 무엇이 너를 여기로 데려왔니? ⇒ 여기는 무슨 일로 왔니?

누가	하다(이다)	누구 · 무엇	어디	언제
무엇이 What	데려왔다 brought	너를 you	여기에 here?	

Will this bus take us to the museum?

이 버스를 타면 박물관에 갈 수 있나요?

(3) '전달하다' 유형(say, show, tell 등)

- say : ~라고 써 있다, ~라고 나와 있다

Today's paper says that a hurricane is coming.

(직역) 오늘자 신문에는 허리케인이 온다고 써 있다.

⇒ 오늘자 신문에 따르면 허리케인이 온다고 한다.

문법박스	누가	하다(이다)	누구 · 무엇
	오늘자 신문에는 Today's paper	써 있다 says	
~라고 that	허리케인이 a hurricane	오고 있다 is coming.	

2단으로 만드는 구나!

- show : ~을 보여 주다, 나타내다

This map shows us the way to the station.

이 지도는 우리가 역까지 가는 길을 보여 준다.

(4) '금지하다' 유형(prevent, keep, stop 등)

- prevent〔keep / stop〕+ 사람 + from + 동사의 -ing : 사람이 ~하는 것을 막다

The noise prevented her from sleep**ing** last night.

(직역) 어젯밤 소음이 그녀가 잠자는 것을 막았다.

⇒ 어젯밤 소음 때문에 그녀는 잠잘 수 없었다.

누가	하다(이다)	누구 · 무엇		어디	언제
소음은 The noise	막았다 prevented	그녀에게 her	잠자는 것으로부터 from sleeping		어젯밤 last night.

(5) 기타 유형(remind, allow 등)

- remind + 사람 + of : 사람에게 ~를 떠올리게 하다

This picture always **reminds** me of my high school days.

(직역) 이 사진은 항상 나에게 나의 고등학교 시절을 떠올리게 한다.

⇒ 이 사진을 보면 나는 항상 고등학교 시절을 떠올린다.

누가	하다(이다)	누구 · 무엇		어디	언제
이 사진은 This picture	항상 떠올리게 한다 always reminds	나에게 me	나의 고등학교 시절을 of my high school days.		

- allow + 사람 + to부정사 : 사람에게 ~하도록 허락하다

The money allowed her to go abroad.   그 돈으로 그녀는 해외로 나갈 수 있었다.

강조 구문

It is〔was〕~ that 문장

강조 구문은 문장 중에서 일부를 강조하려고 할 때 사용하는 문장 형식입니다. 예를 들어 "어제 내가 창문을 깼다."라는 문장을 "어제 창문을 깬 것은 나다." 또는 "어제 내가 깬 것은 창문이다." 등 '창문'이나 '어제'를 강조할 수 있습니다.

깨트린 범인은 저 고양이입니다.

강조 구문 위치 설정

강조 구문과 관계 있는 박스는 **[문법박스]**, **[누가]**, **[누구·무엇]**, **[어디]**, **[언제]**입니다.

I broke the window yesterday. 나는 어제 창문을 깼다.
⇒ **It was I that** broke the window yesterday. 어제 창문을 깬 건 바로 나였다.

문법박스	누가	하다(이다)	누구·무엇	어디	언제
		~였다 **was**			
	나(내가) **I**				
		~한 것은 나였다.			
~것은 **that [who]**	내가 (**I**)	깼다 **broke**	창문을 **the window**		어제 **yesterday.**

강조 구문은 '(…하는 것은) 바로 ~이다'라고 강조할 때의 문장! It은 가주어가 아니라 강조 구문의 It이다.

It was I that saw Billy in the library yesterday.(어제 도서관에서 빌리를 만난 것은 바로 나였다.)처럼 강조하고자 하는 내용을 It was와 that 사이에 넣어 강조할 수 있습니다. 이때 주어 I 외에 목적어 Billy, 시간(yesterday)이나 장소(in the library)를 나타내는 부사(구)가 들어갈 수 있습니다. because I was ill과 같은 절도 들어갈 수 있습니다.

(1) 어구를 강조할 때
기본 문장 I saw Billy in the library yesterday.

① Billy를 강조

It was Billy that ~

It was Billy that [whom] I saw in the library yesterday.

내가 어제 도서관에서 만난 건 바로 빌리였다.

문법박스	누가	하다(이다)	누구·무엇	어디	언제
	It	~였다 was			
			빌리 Billy		
~것은 that [whom]	내가 I	만났다 saw	↑ (Billy)	도서관에서 in the library	어제 yesterday.

의미순 박스는 3단으로
만들어 생각하자!

② in the library를 강조

It was in the library that I saw Billy yesterday.

내가 어제 빌리를 만난 곳은 도서관이었다.

문법박스	누가	하다(이다)	누구 · 무엇	어디	언제
	It	~였다 was			
				도서관에서 **in the library**	
~것은 that	내가 I	만났다 saw	빌리 Billy	↑ (in the library)	어제 yesterday.

③ yesterday를 강조

It was yesterday that I saw Billy in the library.

내가 도서관에서 빌리를 만난 것은 어제였다.

문법박스	누가	하다(이다)	누구 · 무엇	어디	언제
	It	~였다 was			
					어제 **yesterday**
~것은 that	내가 I	만났다 saw	빌리 Billy	도서관에서 in the library.	↑ (yesterday)

(2) 절을 강조할 때

어구와 마찬가지로 It is(was) ~ that의 형태로 나타냅니다.

It was not until I left school that I realized the importance of that job.

내가 그 일의 중요성을 깨달은 것은 바로 학교를 그만두고 나서이다.

문법박스	누가	하다(이다)	누구 · 무엇	어디	언제
	It	아니었다 was not			
					학교를 그만둘 때까지 until I left shool
~것은 that	내가 I	깨달았다 realized	그 일의 중요성 the importance of that job.		↑ (until I left shool)

제 **4** 장

문장을 만들기 위한
품사를 더 알아보자

명사

'사람, 사물, 개념'을 나타내다

'학교', '사과', '가족', '서울', '아파트', '친구', '고양이' 등 우리 주변은 명사로 가득합니다. 명사는 사람이나 사물 등의 이름을 나타내는 말입니다. 게다가 '공기'나 '기름'과 같은 물질, '아름다움'이나 '용기'와 같은 형태가 보이지 않는 추상적인 개념도 명사입니다.

이 세상은 명사로 이루어져 있네!

명사 위치 설정

명사와 관계 있는 박스는 [**누가**], [**누구 · 무엇**], [**어디**], [**언제**]입니다.

Tim bought a bottle of wine at the store.

팀은 상점에서 와인 한 병을 샀다.

누가	하다(이다)	누구 · 무엇	어디	언제
팀은 Tim 고유명사	샀다 bought	와인 한 병을 a bottle of wine 물질명사	상점에서 at the store. 보통명사	

Honesty is the best policy.

정직은 최선의 정책이다.

누가	하다(이다)	누구 · 무엇	어디	언제
정직은 Honesty 추상명사	~이다 is	최선의 정책 the best policy. 추상명사		

명사는 [하다(이다)]를 제외한 모든 박스와 관계가 있다!

명사는 의사소통을 하는 데 중요한 작용을 합니다. "창문을 열어 주세요."에서 '창문'이나 "도서관으로 가는 길을 알려 주세요."의 '도서관'이나 '길', "친구 제인은 네로를 데리고 산책을 나갔다."의 '친구'나 '제인', '네로', '산책' 등은 모두 명사입니다. 다른 사람에게 부탁을 하거나 사실을 묘사하여 의견을 전달할 때 필요한 품사입니다.

명사는 주로 (1) 보통명사, (2) 집합명사, (3) 고유명사, (4) 물질명사, (5) 추상명사로 구분됩니다.

(1) 보통명사
형태가 있어 셀 수 있는 명사

cup(컵), desk(책상), pen(펜), dog(강아지), orange(오렌지) 등

(2) 집합명사
집합체를 이루고 있는 명사

family(가족), committee(위원회), police(경찰), group(단체) 등

(3) 고유명사
사람·장소 등 고유한 이름을 나타내는 명사

Clara(클라라), Tim(팀), Busan(부산), Mars(화성) 등

(4) 물질명사
셀 수 없는 물질을 나타내는 명사

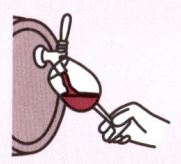

wine(와인), water(물), air(공기), money(돈), paper(종이) 등

(5) 추상명사
형태가 보이지 않는 개념·감정을 나타내는 명사

beauty(아름다움), kindness(친절), fun(재미), honesty(정직) 등

그렇군!

영어의 명사는 크게 셀 수 있는 명사(가산명사)와 셀 수 없는 명사(불가산명사)로 구분됩니다.

1. 셀 수 있는 명사

(1) 보통명사
cup, pen, dog

(2) 집합명사※
family, class

※ 일부 셀 수 없는 것도 있습니다.

2. 셀 수 없는 명사

(3) 고유명사
Clara, Busan

(4) 물질명사
wine, coffee

(5) 추상명사
beauty, kindness

1. 셀 수 있는 명사(가산명사)

(1) 보통명사

하나, 둘, 셋 등의 형태로 개수를 셀 수 있는 명사로, 단수는 「a/an+명사」, 복수는 주로 「명사+-(e)s」 형태로 합니다. many students(많은 학생들), two boxes(2개의 상자)와 같이 나타냅니다.

단, children(어린이), sheep(양)과 같이 불규칙한 복수형(three children, many sheep 등)도 있습니다.

(2) 집합명사

사람·사물의 집합체를 나타내는 명사입니다. 단수 또는 복수 취급하는 명사에는 family(가족), committee(위원회), group(단체) 등, 항상 복수 취급하는 명사에는 people(사람들), police(경찰), cattle(소) 등, 항상 단수 취급하는 명사에는 furniture(가구류), clothing(의류), baggage(수하물) 등이 있습니다.

(예) **His family lives in Canada.** 그의 가족은 캐나다에 살고 있다.

(예) **The police are coming.** 경찰이 오고 있다.

2. 셀 수 없는 명사(불가산명사)

(3) 고유명사

고유명사는 원칙적으로 a/an이나 the를 붙이지 않지만 다음은 예외입니다.

• the를 붙이는 경우

① 하천, 산맥 등: the Thames(템스강), the Alps(알프스산맥)

② 열차, 선박 등: the Astra(아스트라호), the Titanic(타이태닉호)

③ 신문, 잡지 등: The Times(타임즈), The Economist(이코노미스트)

• a/an을 붙이는 경우

① a+일반인(~라는 사람): A Mr. Smith(스미스 씨라는 사람)

② a+유명인(~같은 사람): An Einstein(아인슈타인 같은 사람)

③ a+기업·작가(~의 제품, 작품): a Hyundai(현대의 자동차 (제품))

(4) 물질명사

셀 수 없는 물질명사는 a glass of milk 같이 단위를 나타내는 표현을 사용하여 수나 양을 나타낼 수 있습니다.

a glass of water 물 한 잔   a loaf of bread 빵 한 덩어리   a bottle of juice 주스 한 병

a cup of tea 차 한 잔   a piece of paper 종이 한 장   a slice of pizza 피자 한 조각

MEMO

음료를 주문하는 상황에서는 Two cups of coffee, please. 대신 Two coffees, please.라고 말하기도 합니다.

Two coffees, please.

(5) 추상명사

honesty, kindness, beauty 등 형태가 없는 추상적인 개념을 나타내는 명사로, 일반적으로 단독으로 사용될 때는 a/an을 붙이지 않고 단수 취급을 합니다.

대명사

명사를 대신하는 말

이름 그대로 명사를 대신해서 사용하는 말입니다. Andrew를 대명사로 바꾸면 he(그는), him(그를), Tom and Jerry는 they(그들은), them(그들을, 그들에게)이 됩니다. 대명사는 같은 명사의 반복을 피하기 위해 사용되는 것입니다.

설명이 많은 명사는 대명사가 되지 않겠지?

되네!

옆집에 살고 있는 아저씨 → He

대명사 위치 설정

대명사와 관계 있는 박스는 **[누가]**, **[누구·무엇]**입니다.

He cooked me breakfast. 그는 나에게 아침 식사를 요리해 주었다.

누가	하다(이다)	누구 · 무엇		어디	언제
그는 **He**	요리해 주었다 **cooked**	나에게 **me**	아침 식사를 **breakfast.**		

예를 들어 대명사가 없다면 "나는 어제 동네에서 민호를 만나 민호와 함께 차를 마시고 민호의 일에 대해 이야기를 나눴다."처럼 '민호'가 여러 번 등장해서 문장이 상당히 길어집니다. 두 번째 나온 '민호'부터는 '그'라고 지칭하면 됩니다. 고유명사 민호 대신 사용하는 말인 '그'를 '대명사'라고 합니다.

다음은 한눈에 볼 수 있게 정리한 대명사 맵입니다.

대명사

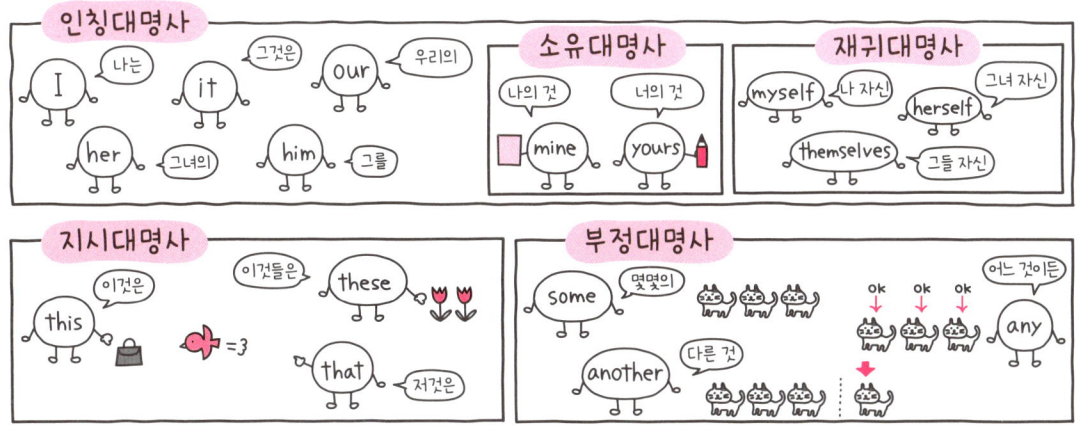

(1) 사람이나 사물의 명사를 대명사로 바꾸다

대표적인 대명사는 인칭대명사로, 1인칭은 화자(나, 우리), 2인칭은 청자(당신, 당신들), 그리고 3인칭은 화자와 청자 이외의 사람·사물(그, 그녀, 그것, 그들, 그녀들, 그것들)입니다.

인칭		단수(하나)			복수(둘 이상)		
		주격 (~는, ~가)	소유격 (~의)	목적격 (~를, ~에게)	주격 (~는, ~가)	소유격 (~의)	목적격 (~를, ~에게)
1인칭		I 나는[내가]	my 나의	me 나를[나에게]	we 우리들은[우리들이]	our 우리들의	us 우리들을[우리들에게]
2인칭		you 너는[네가]	your 너의	you 너를[너에게]	you 너희들은[너희들이]	your 너희들의	you 너희들을 [너희들에게]
3인칭	남성	he 그는[그가]	his 그의	him 그를[그에게]	they 그들은[그들이]· 그녀들은[그녀들이]· 그것들은[그것들이]	their 그들의· 그녀들의· 그것들의	them 그들을[그들에게]· 그녀들을[그녀들에게]· 그것들을[그것들에게]
	여성	she 그녀는[그녀가]	her 그녀의	her 그녀를[그녀에게]			
	중성	it 그것은[그것이]	its 그것의	it 그것을[그것에게]			

1인칭

화자 (말하는 사람)

2인칭

청자 (듣는 사람)

3인칭

화자와 청자 이외의 사람이나 사물

(2) '~의 것'을 나타내는 소유대명사

예를 들어 Is this your smartphone?(이것은 너의 스마트폰이니?)이라고 물어볼 때, 눈앞에 스마트폰이 있으면, 화자 · 청자 모두 무엇을 가리키고 있는지 알고 있으므로 Is this yours?(이것은 너의 것이니?) Yes, it's mine.(응, 그것은 나의 것이야.)처럼 yours 또는 mine을 사용하여 말할 수 있습니다. 이 대명사들을 '소유대명사'라고 하며 '~의 것'이라는 뜻입니다.

인칭	단수		복수	
1인칭	mine	나의 것	ours	우리들의 것
2인칭	yours	너의 것	yours	너희들의 것
3인칭	his	그의 것	theirs	그들의 것
	hers	그녀의 것	theirs	그녀들의 것

※ 소유대명사도 인칭대명사 중 하나입니다.

영어에서는 원칙적으로 주어[누가]가 필요합니다. ① 시간 · 계절, ② 날씨 · 기온, ③ 거리, ④ 상황 · 사정 등을 나타낼 때 문장의 주어로 it을 사용하며, 이 it을 '비인칭 주어'라고 합니다. 비인칭 주어 it은 특별한 의미가 없으므로 '그것'이라고 해석하지 않습니다.

① 시간 · 계절을 나타낼 때

What time is it now? 지금 몇 시인가요?

It's seven o'clock. 7시입니다.

② 날씨 · 기온을 나타낼 때

It's sunny today. 오늘은 날씨가 화창하다.

③ 거리를 나타낼 때

How far is it from here to the post office?

여기서 우체국까지 얼마나 먼가요?

④ 상황 · 사정 등을 나타낼 때

Take it easy. 진정해. / 편하게 생각해.

①의 '7시입니다.'를 의미순으로 생각하면 다음과 같이 문장의 주어가 없습니다.

누가	하다(이다)	누구 · 무엇	어디	언제
	~이다 is			7시 seven o'clock

여기가 텅 비어서 문장 구성이 안 돼!

그래서 [누가]에 주어가 되는 It을 넣어 문장을 만듭니다.

It	~이다 is			7시 seven o'clock.

'이것', '저것', '이것들', '저것들'을 나타내는 지시대명사

단수형	복수형
this (이것, 이 사람)	**these** (이것들, 이 사람들)
that (저것, 저 사람)	**those** (저것들, 저 사람들)

※ this, that, these, those는 명사 앞에 위치하여 지시형용사로 사용될 수도 있습니다.
(예) This song is for these children.   이 노래는 이 아이들을 위한 것이다.

불특정한 것을 가리키는 부정대명사

(1) 앞 문장의 명사를 나타내는 one

I forgot to bring a pen. Do you have one?

나는 펜을 가져오는 것을 깜빡했다. 너는 가지고 있니?

I have lost my pen. I need a new one.

나는 나의 펜을 잃어버렸다. 나는 새로운 게 필요하다.

> one = a pen이구나!

(2) '또 다른 하나, 하나 더'를 나타내는 another

This coffee tastes so good.   이 커피는 정말 맛있다.

I want another. = another cup of coffee   나는 한 잔 더 마시고 싶다.

> another는 형용사로 '또 하나의'라는 뜻도 있다.

(3) '둘 중 나머지 하나'를 나타내는 the other

One is for you and the other is for me.

하나는 너를 위한 것이고 다른 하나는 나를 위한 것이다.

the others로 하면 '나머지 전부'라는 의미가 됩니다.

I like this flavor. I don't like the others.

나는 이 맛을 좋아한다. 나는 다른 맛을 좋아하지 않는다.

바닐라 맛   캐러멜 맛   초콜릿 맛

형용사

명사에 '어떠한'을 더하는 말

'착한 사람', '아름다운 꽃'과 같이 사람이나 사물에 '어떠한'이라는 정보를 붙이는 것이 형용사입니다. 또한 "나는 제인이다(나＝제인)."처럼 주어인 '나'를 보충 설명하는 보어 역할을 합니다. 형용사는 사람이나 사물의 상태나 특징을 나타내는 말입니다.

나? 나는 여러 가지 꼬리표가 붙어 있지만 그냥 사과야.

형용사 위치 설정 -

형용사와 관계 있는 박스는 **[누가]**, **[누구 · 무엇]**, **[어디]**, **[언제]**입니다.

A **beautiful** girl is having a **relaxing** time at a **nice** café on a **sunny** day.

아름다운 여자아이가 화창한 날에 멋진 카페에서 편안한 시간을 보내고 있다.

누가	하다(이다)	누구 · 무엇	어디	언제
아름다운 여자아이가	가지고 있다	편안한 시간을	멋진 카페에서	화창한 날에

A **beautiful** girl is having a **relaxing** time at a **nice** café on a **sunny** day.

형용사는 [하다(이다)]를 제외한 모든 박스에서 명사를 수식!

형용사는 (1)(대)명사(사람 · 사물) 앞에서 명사를 수식하는 역할과 (2)동사 뒤에서 주어나 목적어를 보충 설명하는 보어 역할을 합니다. (p.110 참고).

(1) (대)명사 수식(한정적 용법)

The old lady said something nice. 그 노부인은 좋은 것을 말했다.

누가	하다(이다)	누구 · 무엇

그 노부인은
The old lady
형용사 → 명사

말했다
said

좋은 것을
something nice.
명사 ← 형용사

-thing, -body으로 끝나는 대명사는 뒤에서 수식한다.

(2) 보어 역할(서술적 용법)

He looks very happy. 그는 매우 행복해 보인다.

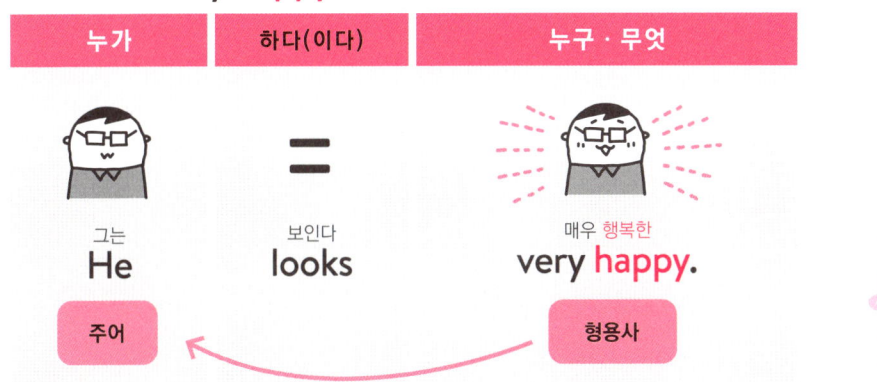

누가	하다(이다)	누구 · 무엇

그는
He
주어

보인다
looks

매우 행복한
very happy.
형용사

2형식의 [누가(주어)] = [누구·무엇(보어)] 형태!

※ very는 부사로, 형용사 happy를 수식합니다.

He painted the wall white. 그는 그 벽을 하얗게 칠했다.

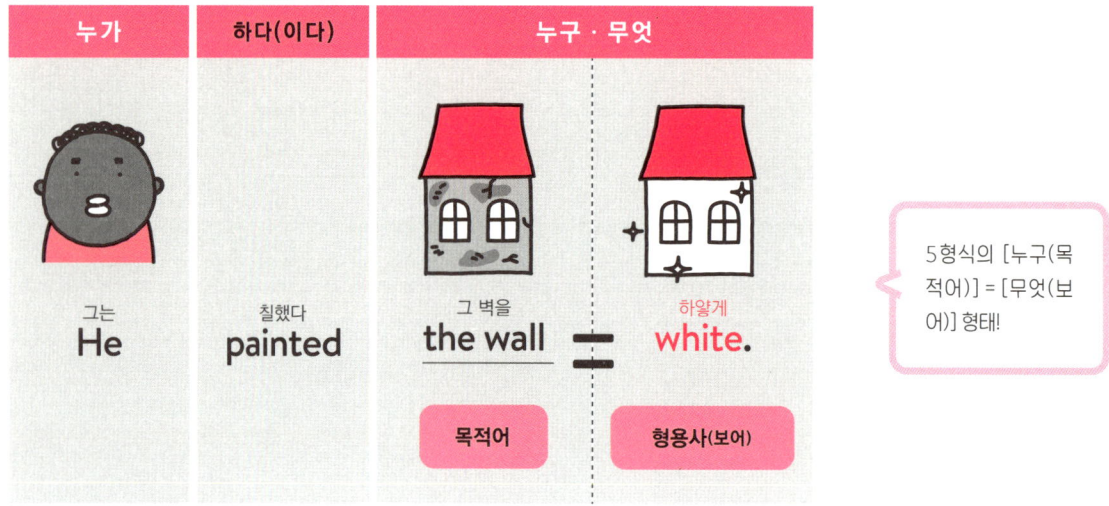

누가	하다(이다)	누구 · 무엇	
그는 **He**	칠했다 **painted**	그 벽을 **the wall** 목적어	=	하얗게 **white.** 형용사(보어)

> 5형식의 [누구(목적어)] = [무엇(보어)] 형태!

주의해야 할 형용사

형용사는 주로 한정적 용법과 서술적 용법 모두에서 사용되는데, 그 중에는 (1)한정적 용법에서만 사용되는 형용사, (2) 서술적 용법에서만 사용되는 형용사, (3)두 용법에서 모두 사용되지만 의미가 다른 형용사가 있습니다.

(1) 한정적 용법(명사 수식)에서만 사용되는 형용사

elder(손위의), main(가장 큰, 주된), live(살아 있는, 생방송의), former(예전의, 전의), latter(후자의, 마지막의) 등이 있습니다.

the main reason 주된 이유
my elder brother 나의 형(손위의 형제)

(2) 서술적 용법(보어 역할)에서만 사용되는 형용사

alive(살아 있는), asleep(잠든), alone(혼자인), awake(깨어나 있는), well(건강한), aware(알고 있는) 등이 있습니다.

He was alone. 그는 혼자였다.
I wasn't aware of the danger. 나는 그 위험을 알지 못했다.

(3) 한정적 용법과 서술적 용법에서 사용되지만 의미가 다른 형용사

• late : (한정적) 죽은, (서술적) 늦은

the **late** Dr. Smith 고 스미스 박사

He was **late**. 그는 지각했다.

• present : (한정적) 현재의, (서술적) 있는, 출석해 있는

the **present** status 현재의 상황

He was not **present** at the meeting. 그는 그 회의에 참석하지 않았다.

형용사 나열 순서 -

명사와의 관계에 따라 다르지만, 여러 개의 형용사가 명사를 수식할 때는 주로 다음과 같은 순서가 됩니다.

수량	크기	모양 · 성질 · 상태	나이(연식)	색깔	명사
a	big		new	red	car
two	big		old		houses
a	little	round		brown	stone

부사

문장을 수놓는 명조연 역할

부사는 동사, 형용사, 부사를 수식하는 말로, 일이나 행동이 구체적으로 어떻게 일어나는지를 설명합니다. 예를 들어 "차가 느리게 움직이고 있다."의 '느리게'나 "그는 큰 소리로 웃었다."의 '큰 소리로', "나는 아침을 빨리 먹었다."의 '빨리'가 부사입니다. 장소를 나타내는 '거기서'나 시간을 나타내는 '그때', 빈도를 나타내는 '항상', '가끔' 등도 부사입니다.

부사 위치 설정

부사와 관계 있는 박스는 **[문법박스]**, **[하다(이다)]**, **[누구 · 무엇]**, **[어디]**, **[언제]**입니다.

(1) I **always** eat lunch **here.** 나는 항상 여기서 점심을 먹는다.

문법박스	누가	하다(이다)	누구 · 무엇	어디	언제
	나는 **I**	항상 먹는다 **always eat** 빈도	점심을 lunch	여기서 **here.** 장소	

(2) **Fortunately**, I was able to see Mr. Smith **yesterday.**

다행히도, 어제 나는 스미스 씨를 만날 수 있었다.

문법박스	누가	하다(이다)	누구 · 무엇	어디	언제
다행히도 **Fortunately,** 문장 전체 수식	나는 **I**	만날 수 있었다 was able to see	스미스 씨 **Mr. Smith**		어제 **yeterday.** 시간

> 부사는 빈도나 장소, 시간 등과 같은 정보를 추가하여 문장을 더 자세히 설명한다!

부사는 동사, 형용사, 부사, 또는 문장 전체를 수식합니다. 주연은 문장의 주요소(주어 · 동사 · 목적어 · 보어)이지만 부사는 문장을 더욱 매력적이고 돋보이게 만들어 주는 명조연과 같은 존재입니다.

Surprisingly, his room was pretty clean.

놀랍게도 그의 방은 상당히 깨끗했다.

문법박스	누가	하다(이다)	누구 · 무엇	어디	언제

놀랍게도   그의 방은   ~였다   상당히 깨끗한
Surprisingly,   **his room**   **was**   **pretty**   **clean.**

문장 전체 수식   부사   형용사

※ 문장 전체를 수식하는 부사는 [문법박스]에 들어갑니다.
※ pretty는 형용사로 '예쁜', 부사로 '상당히'라는 뜻이므로 품사가 바뀌면 뜻이 달라집니다.

부사의 위치는 다른 품사에 비해 자유로운 편이나 일반적으로 동사 앞이나 뒤에, 형용사 · 부사의 앞에 위치합니다. 문장의 맨 앞이나 맨 뒤에 위치하여 문장 전체를 수식합니다. 이때 부사 앞뒤에 콤마(,)가 옵니다.

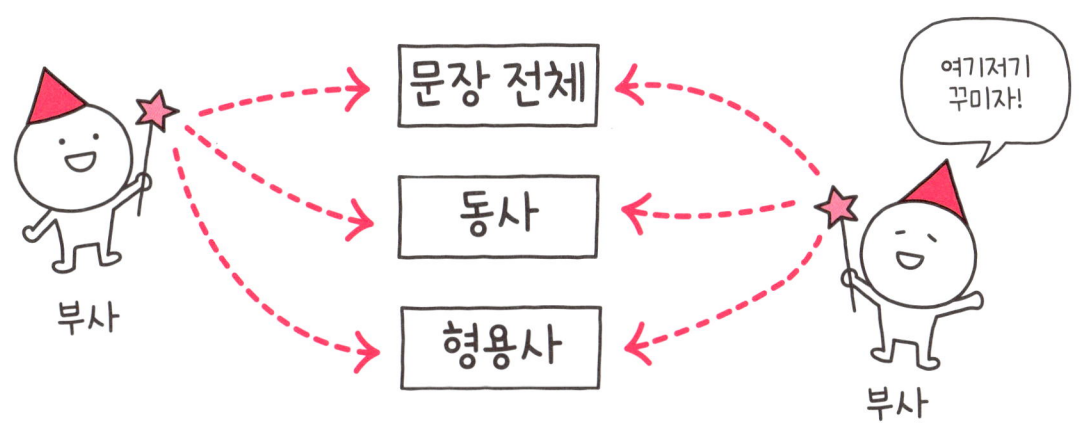

부사는 (1) 빈도, (2) 정도, (3) 양태, (4) 장소, (5) 시간 등을 자세히 설명해 줍니다.

(1) 빈도
어느 정도의 빈도로 (~하다)

always(항상)
usually(대개), often(종종)
sometimes(가끔)

(2) 정도
얼마나 (~하다)

hardly(거의 ~않다)
too(너무), very(매우)
almost(거의)

(3) 양태
어떻게 (~하다)

run fast(빨리 달리다)
change quickly(곧 바뀌다)
do well(잘 하다)

(4) 장소
어디서 (~하다)

here(여기에), there(거기에),
away(떨어져), far(멀리)

(5) 시간
언제 (~하다)

now(지금), then(그때에)
today(오늘), tomorrow(내일)
every day(매일)

(1) I **usually** have lunch here. 나는 대개 여기서 점심을 먹는다.

(2) I **seldom** meet my grandparents. 나는 나의 조부모님을 거의 만나지 않는다.

(3) He can run **fast**. 그는 빨리 달릴 수 있다.

(4) She left her umbrella **there**. 그녀는 자신의 우산을 거기에 두고 왔다.

(5) We are going to see her **tomorrow**. 우리는 내일 그녀를 만날 것이다.

빈도부사는 어떤 일이 얼마나 자주 일어나는지를 나타내는 말로, 주로 be동사나 조동사의 뒤, 일반동사의 앞에 위치합니다.

빈도		
100%	always	항상
80%	usually	대개
65-70%	often	종종
50%	sometimes	가끔
3-4%	seldom	거의 ~않다
0%	never	결코 ~않다

※ 『펀더멘털 영문법』을 참고로 작성하였습니다.

부분부정

부사는 not과 함께 사용되어 전체가 아닌 부분을 부정할 수 있습니다.

부분부정	의미
not always	항상 ~하는 것은 아니다
not necessarily	반드시 ~하는 것은 아니다
not very	별로 ~없다
not much	별로 ~없다

(예)

She does not always skip breakfast. 그녀가 항상 아침 식사를 거르는 것은 아니다.

There is not much difference between this cat and that one.

이 고양이와 저 고양이의 차이는 별로 없다.

전치사

명사(구) 앞에 두는 작은 말

전치사는 명사 앞에 위치하는 말로 I live in Incheon.(나는 인천에 살고 있다.), I read a book in the library.(나는 도서관에서 책을 읽었다.)의 장소[어디], I wake up at eight o'clock.(나는 8시에 일어난다.)의 시간[언제] 등 다양한 내용을 전달합니다.

전치사 위치 설정 ---------------------------------

전치사와 관계 있는 박스는 **[어디]**, **[언제]**입니다.

She runs in the park before breakfast.

그녀는 아침 식사 전에 공원에서 달린다.

장소를 나타내는 전치사는 다음과 같습니다.

① 위치를 나타내는 전치사

장소

전치사

위치

at : ~에서

※ 지점에, 점 위에 있는 이미지

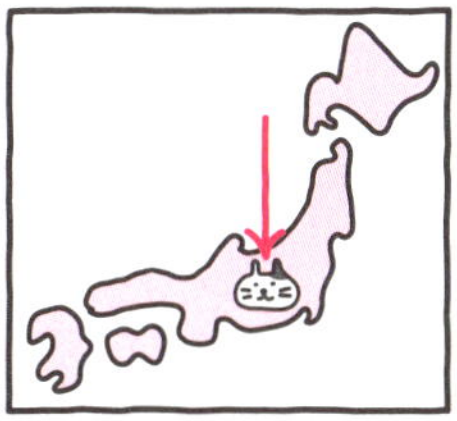

in : ~속에, ~안에

※ 안에 들어가 담겨 있는 이미지

on : (접촉하여) ~위에, ~에

※ 면 위에 붙어 있는 이미지

above : ~위에
over : ~바로 위에
under : ~바로 아래에
below : ~아래에, ~보다 낮은

between : (대상이 둘일 때) ~사이에

among : (대상이 셋 이상일 때) ~중에서

② 진행·통과를 나타내는 전치사

장소	전치사
진행·통과	**along** : ~을 따라 **across** : ~을 가로질러 **through** : ~을 관통하여 

③ 방향·도달을 나타내는 전치사

장소	전치사
방향·도달	**for** : ~쪽으로　※ 방향을 가리킴　**to** : ~으로, ~에게 ※ 범위의 맨 끝, 방향이나 움직임의 도착점을 뜻함 

④ 접근·원격을 나타내는 전치사

장소	전치사
접근·원격	**by/beside** : ~옆에 **near** : ~근처에 

MEMO

"나는 그녀를 도서관에서 만났다."를 영어로 표현할 때 I saw her at the library.와 I saw her in the library. 중 올바른 문장은 무엇일까요? 사실 둘 다 문법적으로는 올바른 문장입니다. 하지만 at이 사용된 문장은 '도서관 입구 근처'에서, in이 사용된 문장은 '도서관 안'에서 만난 것을 의미합니다.

시간을 나타내는 전치사는 다음과 같습니다.

시간		전치사

at : (구체적인 시각, 하루의 때)에
on : (날짜, 요일, 특정한 날)에
in : (오전, 오후, 월, 계절, 연도)에

연도, 계절, 월, 일시

출발점	**from** : ~부터, **since** : ~이래로, **after** : ~ 후에 등
종점	**till / until** : ~까지(계속), **before** : ~전에, **by** : ~까지 등
기간	**for** : ~동안에, **during** : (특정 기간) ~동안에 등

다음과 같은 의미를 나타내는 전치사도 있습니다.

기타	전치사
원인·이유	**die of / from** : 병·부상 등으로 죽다
목적·결과	**for** : ~을 위하여, **after** : ~이후에, ~의 결과로 등
수단·도구	**by car** : 차로, **with a knife** : 칼을 사용하여 등
재료·원료	**be made of** : ~의 재료로 만들어지다, **be made from** : ~의 원료로 만들어지다 등

접속사

단어와 단어, 문장과 문장을 연결하는 접착제

접속사는 문장에서 단어와 단어, 구와 구, 문장과 문장을 연결하는 역할을 합니다. 접속사에는 and, but, or, that, when, if 등이 있는데 구와 구 사이나 문장과 문장 사이, 문장에 위치합니다.

접속사 위치 설정 -

접속사와 관계 있는 박스는 주로 **[문법박스]**입니다.

Tim likes singing and I like dancing. 팀은 노래하는 것을 좋아하고 나는 춤추는 것을 좋아한다.

문법박스	누가	하다(이다)	누구 · 무엇	어디	언제
	팀은 Tim	좋아한다 likes	노래하는 것을 singing		
그리고 and	나는 I	좋아한다 like	춤추는 것을 dancing.		

접속사는 구와 구, 절과 절을 이어 주는 말!
의미순 박스를 2단으로 만든 다음 접속사를 [문법박스]에 넣는다.

접속사에는 and, but 등으로 같은 구조의 문장끼리 연결하는 접속사(등위 접속사)와 when, if, that 등으로 주절과 종속절을 연결하는 접속사(종속 접속사)가 있습니다.

(1) 등위 접속사

and, but, or, so 등으로 같은 구조의 문장끼리 연결합니다. 두 문장은 문법상 대등한 관계에 있습니다. 등위 접속사로 연결된 문장을 중문이라고 합니다. (p.64 참고)

등위 접속사	기본적인 의미
A and B	A와 B ; A 그리고 B ; A 하면 B
A but B	A 그러나 B ; A 이지만 B
A or B	A 또는 B ; A 그렇지 않으면 B ; A 인가 B 인가
A, so B	A 그래서 B

I was sleeping, so I couldn't pick up the phone.

나는 잠자고 있어서 그 전화를 받을 수 없었다.

문법박스	누가	하다(이다)
	나는 I	잠자고 있었다 was sleeping,

||

문법박스	누가	하다(이다)	누구 · 무엇
그래서 so	나는 I	받을 수 없었다 couldn't pick up	그 전화를 the phone.

두 개의 문장은 모두 '주어+동사'가 있는 절이며, 문법적으로 대등한 관계에 있다.

I was sleeping,

so I couldn't pick up the phone.

(2) 종속 접속사

종속 접속사에는 that, if, when, as 등이 있습니다. 연결되는 문장(절)과 문장(절)은 주절과 종속절이라고 부르며 종속 관계가 됩니다. 이 종속 접속사로 연결된 문장을 복문이라고 합니다. (p.66 참조)

종속 접속사	기본적인 의미
A that B	B라고 하는 것(을) A
A whether [if] B	B인지 여부(을) A
When B, A (A when B)	B할 때 A
Because B, A (A because B)	B이기 때문에 A
If B, A (A if B)	만약 B그러면 A

> 문장에서 중심이 되는 절이 주절이며, 그 내용의 일부(~라는 것을 나는 알고 있다)나 이유·조건 등을 나타내는 절이 종속절이다.

※ A = 주절, B = 종속절, ( )로 바꾸어 말할 수 있습니다.

(예)

I know that she is a doctor. 나는 그녀가 의사라는 것을 알고 있다.

They asked me whether their team had won.

그들은 자기 팀이 이겼는지 아닌지를 나에게 물었다.

When I came home, my sister was watching TV.
= My sister was watching TV when I came home.

내가 집으로 돌아왔을 때 나의 여동생은 텔레비전을 보고 있었다.

Because it is raining now, I will stay at home.
= I will stay at home because it is raining now.

지금 비가 내리기 때문에 나는 집에 있을 것이다.

If I knew his name, I would tell you.
= I would tell you if I knew his name.

만약 내가 그의 이름을 안다면 너에게 알려 줄 텐데.

길이가 긴 문장은 의미순 박스에 적용하여 문장을 나누면 이해하기 쉽습니다.

They asked me whether their team had won.

그들은 자기 팀이 이겼는지 아닌지를 나에게 물었다.

문법박스	누가	하다(이다)	누구 · 무엇	어디	언제
	그들은 They	물었다 asked	나에게 me	그들의 팀이 이겼 는지 아닌지를 ↓ 2단으로	
~인지 아닌지 whether	그들의 팀 their team	이겼다 had won.			

When I came home, my sister was watching TV.

내가 집으로 돌아왔을 때 나의 여동생은 텔레비전을 보고 있었다.

문법박스	누가	하다(이다)	누구 · 무엇	어디	언제
~때 When	나는 I	왔다 came		집으로 home,	
	나의 여동생은 my sister	보고 있었다 was watching	텔레비전을 TV.		

I would tell you if I knew his name. 만약 내가 그의 이름을 안다면 너에게 알려 줄 텐데.

문법박스	누가	하다(이다)	누구 · 무엇	어디	언제
	나는 I	알려 줄 텐데 would tell	너에게 you		
만약 ~이라면 if	나는 I	알고 있었다 knew	그의 이름을 his name.		

감탄사

리액션으로 감정을 풍부하게

"아, 아프다," "저기요," "와" 등과 같이 말하는 사람의 기쁨이나 슬픔, 놀람 등의 순간적인 감정을 표현할 때 사용하는 말로, 독립된 형태로 자주 사용됩니다. 감탄사는 영화나 드라마 등을 통해 자주 접하게 되는 말입니다. 감탄사는 사용하는 장면이나 상황과 함께 기억해 둡니다. 주로 문장의 맨 앞에 위치합니다.

감탄사 위치 설정

감탄사와 관계 있는 박스는 **[문법박스]**입니다.

Oops, I forgot to bring an umbrella. 이런, 나는 우산을 가져오는 것을 잊었다.

문법박스	누가	하다(이다)	누구 · 무엇	어디	언제
이런 **Oops,**	나는 **I**	잊었다 **forgot**	우산을 가져오는 것을 **to bring an umbrella.**		

감탄사는 맞장구나 기쁨, 놀람 등의 순간적인 감정을 나타낼 때 사용하는 말!

장면마다 자주 사용하는 감탄사 표현은 다음과 같습니다.

장면	감탄사
안도하는 장면	**Phew** 휴, 후유
아파하는 장면	**Ouch** 아야, 아이쿠
놀라는 장면	**Wow** 우와, 와 / **Oh** 오, 아
실수하는 장면	**Uh-oh** 어라, 이런 / **Oops** 아차, 이런
맛·냄새 등에 대해 역겨워 하는 장면	**Yuck** 윽, 웩
아싸!라고 하는 장면	**Hurray** 만세
동감 표현, 상대에게 말을 계속하라는 장면	**Uh-huh** 응응, 그래서?
주저·불만 표현, 말없이 마음속으로 생각하는 장면	**Hum** 흠
말투·전환 장면	**Well** 음

(예) **Well, let's take a break.** 자, 잠깐 쉬자.

문법박스	누가	하다(이다)	누구 · 무엇	어디	언제
자 **Well,**	(생략)	취하자 **let's take**	휴식을 **a break.**		

MEMO

이외에도 가벼운 인사말인 Hi나 Hello, 그리고 주의를 끌 때 쓰는 Excuse me, Hey 같은 표현이 있습니다.

타치노 아키라

교토 대학 명예 교수이자 나고야 외국어 대학 교수로 활동 중인 언어학 박사. 주로 교육언어학과 영어 교육을 전문적으로 다루고 있으며, 국제적으로 인정받는 영어 교육 분야의 대표적인 학술지인 ELT Journal(영국 옥스퍼드대 출판국)의 편집위원을 맡고 있습니다. 국내외 주요 학술지에서 편집과 사독을 맡을 뿐만 아니라, 대한민국 대표적인 학회인 대학 영어교육학회에서 이사와 부회장을 역임했습니다. 또한, 저서로는 "<의미순> 영작문의 추천"과 "토플 ITP®테스트 공식 테스트 문제&학습 가이드" 등이 있으며, "A New Approach to English Pedagogical Grammar: The Order of Meanings"은 영국의 Routledge 출판사에서 출판되었습니다. 그 외에도 중학교 영어 교육에 관한 감수 작업과 함께 NHK 텔레비전 및 라디오 프로그램에 연재되는 등 활발한 활동을 이어가고 있습니다.

의미 단위 순서로 나열하기만 해도 영어가 되는

의미순 영문법 도감

초판 7쇄 인쇄 2025년 9월 10일
초판 1쇄 발행 2023년 3월 10일

지은이　타치노 아키라
펴낸곳　도서출판 THE 북
마케팅　㈜더북앤컴퍼니
출판등록　2019년 2월 15일 제2019-000021호
주소　서울특별시 영등포구 양평로12가길 14 310호
전화　02-2069-0116
이메일　thebook-company@naver.com

ISBN　979-11-976185-5-0 (13740)

• 책값은 뒤표지에 있습니다.
• 잘못 만들어진 책은 구입하신 곳에서 교환해 드립니다.